Brummsumm

Entdecke die Welt der Honigbienen

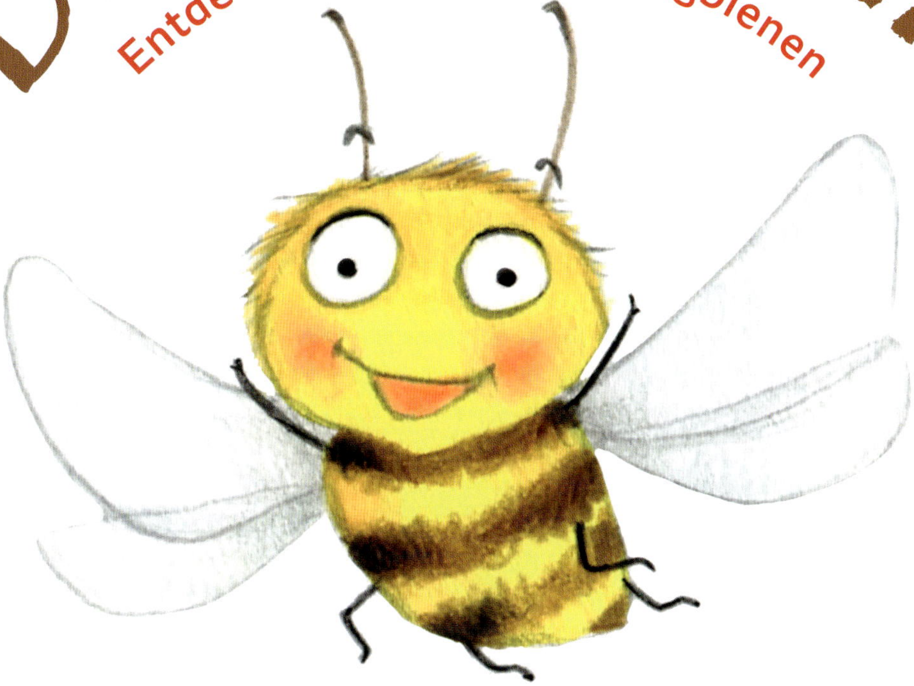

Aygen-Sibel Çelik

Markus Gerhards

mit Illustrationen von Katja Jäger

moses.

Inhalt

Prolog
Seite 5

Frühling

Aufräumen ist nützlich	**6**
Frühlingserwachen: Endlich wieder raus	10
Auf zu Opa	**16**
Frauensache	18
Neue und alte Freunde	**24**
Sammeln, sammeln und nochmals sammeln	30

Sommer

Ein neues Zuhause für Ari	**36**
Hochsaison im Bienenstock	42
Ein Abschied?	**54**
Wie aus Prinzessinnen wahre Königinnen werden	58

Herbst

Neue Geschwister	**64**
Und schon wieder Frauensache	68
Ohne Bienen kein Leben	**70**
Volle Vorratskammern	74

Vorwort

Liebe Eltern, liebe Kinder,

eher zufällig trifft Leni auf die Honigbiene Ari. Sie ist verdutzt, dass Ari sprechen kann und macht sich sogleich auf den Weg, alles über die Welt der kleinen Bestäuber herauszufinden. Und so sind wir als Leser und Zuhörer immer wieder erstaunt, welche spannenden Dinge Leni von der kleinen Honigbiene erfährt. Da gibt es zum Beispiel die unterschiedlichen Berufe in einem Bienenvolk, die Ari nach und nach in ihrem Leben übernehmen muss. Leni lernt aber auch, welche Aufgaben die Haltung von Honigbienen mit sich bringt und wie aufwendig es doch ist, als Imkerin die Bienen zu betreuen und im Sommer Honig herzustellen.

Das Buch erzählt die Geschichte von Leni und Ari liebevoll und spannend zugleich. Am Ende wollen wir immer mehr über das Leben dieser so wichtigen Bestäuberinsekten erfahren. Nur gut, dass unser Wissensdurst gestillt wird. Das Buch hält zahlreiche, locker eingesprengte Fachinformationen bereit, sodass wir mit der letzten Buchseite fast schon selbst imkern können.

Ihr Cornelis Hemmer

von „Deutschland summt", einer Initiative
der Stiftung für Mensch und Umwelt

Winter

Winterkinder	**80**
Winterbienen	84
Es wird kuschelig	**86**
Der Bien lebt weiter?	88
Leben	**90**

Alle Bienenfachwörter werden in der Wissenswabe auf Seite 92 erklärt!

Prolog

HORNISSENANGRIFF! Eben noch war alles ruhig und friedlich: fleißiges Summen in allen Ecken des Bienenstocks. Jede Biene hat sich um ihre Aufgaben gekümmert. Plötzlich ist überall dieses schrecklich laute Brummen. So ein Lärm!

Alle fliegen hin und her, es herrscht ein riesiges Durcheinander und Ari wird ganz schwindlig. „Hornissen! Die Hornissen kommen!", warnen die Wächterbienen den Stock. „Rette sich, wer kann!"

Hornissen? Was sind Hornissen? Und wieso kommen sie? Was wollen sie denn tun? Ari bekommt Angst, richtig große, schlimme Angst ... „Rettet die Königin!" „Die Babys, unsere Babys!" Von überall aufgebrachtes Gesumm – alles geht durcheinander!

Und dann folgt dieses furchtbar aufgebrachte Drängeln von allen Seiten. Ari versucht, sich an einer Wabenzelle festzuhalten, aber es ist unmöglich. So etwas hat sie in ihren gerade mal zwei Lebenstagen noch nie erlebt. Von einer solchen Katastrophe hat noch keine ältere Biene berichtet. Ehe Ari sich's versieht, wird sie aus dem Bienenstock, ihrem Zuhause, geschleudert.

Was soll sie bloß tun? Doch auf einmal setzen sich ihre Flügel in Bewegung. Ach ja, die hat sie ja auch noch. Und plötzlich kann Ari fliegen! Obwohl sie es noch nie versucht hat, weiß sie, wie es geht und was das überhaupt ist: „fliegen". Wow! Das ist so ein tolles Gefühl! Sie vergisst fast den Schreck.

Was sie aber nicht weiß, ist, was sie jetzt tun soll. So viele Bienen, die sie noch gar nicht kennt. Und alle versuchen zu retten, was zu retten ist, sodass Ari keine fragen kann.

Der Bienenstock droht erobert zu werden. Wo sind denn nur all ihre Schwestern aus ihrer Abteilung hin? Ari beschließt, sie zu suchen. Sie fliegt hin und her und fliegt und fliegt und ...

Aufräumen ist nützlich

Ein wunderschöner Frühlingsmorgen! Die Sonnenstrahlen scheinen Leni zu verfolgen. Eben, als sie noch im Bett lag, haben sie sie auf der Nase gekitzelt. „Komm spielen!", scheinen sie zu sagen. Auch die Vögel, die draußen lustige Lieder zwitschern, laden Leni ein: „Komm raus!" Ab und an weht eine frische Brise durch das gekippte Fenster hinein und lässt die bunten Eulen-Vorhänge aufbauschen.

Doch Leni ist sauer. Weil sie nicht auf den Spielplatz darf. Sie muss AUFRÄUMEN. Und das am Samstag! Der Tag, an dem sie gemütlich frühstücken und dann spielen, spielen, spielen und schließlich zu Opa fahren kann, oder besser: KÖNNTE ... Denn Mama zwingt Leni aufzuräumen! Dabei ist die Schule echt anstrengend und heute hat sie frei. Seit sie sieben ist, hat sie nur noch so wenig Zeit zum Spielen.

„Und bevor nicht alles an seinem Platz ist, werden wir auch nicht zu Opa hinausfahren!" Das hat ihre Mama tatsächlich noch gesagt, bevor sie Lenis Zimmer verlassen hat. Dabei waren sie schon so lange nicht mehr bei Opa auf dem Land. Mit ihm über die Felder und Wiesen zu spazieren, ist für Leni eine der schönsten Sachen der Welt. Opa weiß so viel über die Natur. Er zeigt und erklärt ihr immer alles.

Aber NEIN, sie muss aufräumen. Wütend stopft Leni ihre getragenen Socken in den dicken Wäschebeutel, kickt den Schaumstoff-Fußball unter das Bett und stapelt die vielen bunten Blätter aufeinander. Die hatte sie gestern Nachmittag mit Fingerfarben bemalt und zum Trocknen überall im Zimmer verteilt. Fertig! – denkt Leni. Sie dreht sich einmal um die eigene Achse: PUSTEKUCHEN! Sie ist noch lange nicht fertig! Es sieht immer noch richtig unordentlich aus. „Ein Saustall", würde Mama sagen. Als hätte hier eine Horde wilder Affen eine Party gefeiert ... oder so. Da hat Mama schon irgendwie recht. Puh! Das kann dauern! Die Fahrt zu Opa kann Leni vergessen, Spielen sowieso. Sie ist kurz davor zu verzweifeln.

Mit Schwung wirft sie sich aufs Bett, stützt den Kopf in die Hände und schaut aus dem Fenster in den strahlend blauen Himmel. Plötzlich hört sie ein Summen. Und es wird immer lauter, kommt näher.

„Oh nein, eine Wespe!", murmelt sie. „Du hast mir noch gefehlt. Flieg bloß nicht hier rein!" Mit einem Satz steht Leni an den Eulenvorhängen und greift nach dem Fenstergriff, um das Fenster zu schließen. „Ich bin doch gar keine Wespe. Ich bin Ari", summt Ari. „Was ist überhaupt eine Wespe?"

HÄ? Leni sieht sich um. Dann steckt sie ihre Zeigefinger in die Ohren. Eigentlich hatte sie die heute Morgen gewaschen.

„Und wieso darf ich nicht rein?"

„Was? Wer spricht da?", fragt Leni. „Wer bist du?"

„Ich. Ari." Das Summen wird richtig laut. Die Wespe auf der anderen Seite der Scheibe schwebt jetzt auf der gleichen Höhe wie Lenis Nase und schaut ihr direkt in die Augen.

„Ich bin eine Biene. Eine Putzbiene. Und du?"

Leni muss sich kurz in den Arm zwicken, aber sie träumt nicht. Sie spricht gerade wirklich mit einer kleinen Biene. Und die kann auch noch putzen! Ist das ein schlechter Scherz ihrer Mutter?

„Putzbiene? Das habe ich ja noch nie gehört. Okay, dann ... ich bin Leni, ein Aufräumkind."

„Oh, wie schön!", summt Ari und macht einen Salto in der Luft. BSSSS.

„Schön?" Leni weiß nicht, was Ari meint. „Was ist denn schön?"

„Na, Putzen! Aufräumen!"

„Hä? Ich hasse Aufräumen."

Ari scheint verwirrt zu sein. Sie fliegt hin und her. Zick-Zack. Und dann wieder an dieselbe Stelle zurück. „Aber wenn du Geschwister bekommst, bekommen die deine Wabenzelle. Und dann muss die doch sauber sein!"

„Ich bekomme keine Geschwister, jedenfalls nicht, dass ich wüsste. Und du? Musst du denn dein Zimmer, ähm ... deine Wabendings abgeben, wenn du Geschwister bekommst?"

„Na klar. Deswegen habe ich sie doch ganz blitzeblank geputzt. Und nicht nur die."

Leni staunt. Doch dann nickt sie anerkennend. Sie selbst hat keine Geschwister, aber von ihrer Freundin Anna weiß sie, dass sie und ihr Bruder Finn nie gegenseitig ihre Zimmer

aufräumen würden. Stattdessen streiten sie sich immer, wer den Tisch abräumen, die Spülmaschine ausleeren oder den Müll raustragen soll.

„Und was machst du hier? Hat meine Mutter dich geschickt?" Ari schwirrt einmal um ihre eigene Achse. „Wie meinst du das?" „Na, was machst du hier? Musst du nicht Blütenstaub sammeln und Honig machen oder so was in der Art?"

Ari ist plötzlich stumm. Nicht einmal ein leises Summen ist zu hören.

„Ari?" Leni geht ganz nah an das Fenster heran.

„Wo bist du?" Die flauschige Biene hat sich auf die Fensterbank gesetzt. Vorsichtig öffnet Leni das Fenster und lässt sie hereinfliegen. Sofort setzt sich Ari auf die dicke Nase von Lenis Plüschkoalabär, ihrem Lieblingskuscheltier auf dem Regal über dem Schreibtisch.

„Du siehst irgendwie müde aus", sagt Leni. „Wo kommst du denn her?"

„Von meinem Zuhause", murmelt Ari. „Aber ... aber ich weiß nicht, wo das ist."

Oh, oh! „Du hast dich verflogen!" Am liebsten würde Leni Ari jetzt streicheln, aber das traut sie sich nicht. Doch dann fällt ihr etwas ein, das ihr Opa ihr mal erzählt hat: „Ich dachte, ihr Bienen habt eine innere Landkarte und findet euer Zuhause immer wieder?"

Ari sieht Leni müde an. Leni hat das Gefühl, dass die Biene schon wieder nicht weiß, wovon sie spricht. Komische Biene. Ob sie echt ist? Leni geht ein bisschen näher heran. Schließlich kann sie sich normalerweise nicht mit Bienen unterhalten.

„Ich fliege heute zum ersten Mal", sagt Ari plötzlich. „Und ich habe einfach nicht wieder zurückgefunden. Vielleicht bin ich ja nicht wie andere Bienen?"

Leni weiß nicht, wie sie Ari trösten soll. Doch dann hat sie eine Idee. „Ich helfe dir!", sagt sie entschlossen und ist plötzlich wie verwandelt. „Warte mal kurz!" Warum und wieso sie mit einer Biene sprechen kann, ist doch eigentlich egal! Ari braucht Hilfe und sie kann helfen. Nur das zählt. Schnell flitzt sie in die Diele, holt das Telefon und schließt sich damit im Badezimmer ein. „Hallo Opa, ich muss dich etwas fragen."

„Schieß mal los, Leni!", sagt ihr Opa. Und dann erzählt Leni ihm, dass sie ganz viel über Bienen erfahren muss, weil, ähm, ja weil sie es für die Schule braucht. Und sie fragt ihn, ob er weiß, ob es Putzbienen gibt und was die so machen. Dann möchte sie noch unbedingt wissen, was Bienen tun können, wenn sie sich verflogen haben. „Nun ja", sagt Opa. „Dann würde ich mal sagen, dass du mich besuchen musst. Ich weiß zwar einiges über Tiere und Pflanzen, auch ein wenig über Bienen, aber solche Spezialfragen kann nur eine beantworten: meine alte Schulfreundin Wiebke. Sie ist Imkerin und weiß so ziemlich alles über Honigbienen." Das Allerallerbeste ist, dass Opa Leni verspricht, Wiebke schon mal anzurufen und ihr Lenis Fragen zu stellen. „Mal sehen, vielleicht hat sie sogar Zeit, und wir können sie zusammen besuchen?"

„Danke, Opi! Du bist der Größte!"

Wie ein Wirbelwind flitzt Leni in ihr Zimmer, rennt hin und her und räumt auf. Auf einmal geht es ganz schnell. Buntstifte in die blaue Kiste, Bilderbücher in das Bücherregal, Schlafanzug zusammenlegen und unter die Bettdecke, Papierschnipsel in den Papierkorb, Legosteine, Einhörner und Piraten in die Spielzeugtonne – FERTIG!

„Prima!", ruft Ari und schwirrt einmal um Lenis Kopf herum. „Du kannst ja ganz prima aufräumen, wie eine echte Putzbiene!"

Leni sieht sich zufrieden um. „Ich bin gleich wieder da", sagt sie zu Ari. Als sie zurückkommt, hat sie eine bunte Pappschachtel mitgebracht. Grün mit gelben Punkten. Leni bohrt mit einem Bleistift ein paar Löcher hinein. „Meinst du, du kannst hier hineinkrabbeln? Wir fahren jetzt nämlich zu meinem Opa aufs Land. Dort gibt es so viele Bienen. Bestimmt findest du dort deine Familie."

Hallo, ich bin Wiebke!
Gerne erkläre ich Leni, ihrem Opa und auch dir die Welt der Honigbienen.

Frühlingserwachen: Endlich wieder raus!

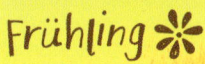

Bienen sind nicht gleich Bienen. In Deutschland gibt es über 550 Bienenarten. Die meisten Bienen sind Wildbienen. Das sind Bienen, die fast alle als Einzelgängerinnen in der Natur leben. Sie wohnen und nisten zum Beispiel im Boden, im morschen Holz oder in Pflanzenhalmen.

Die Honigbiene ist die, die du kennst. Wie der Name schon verrät, macht sie den Honig. Wie genau sie das macht und warum dafür der Blütensaft der Pflanzen so wichtig ist, erfährst du auf den Seiten 30–32.

Weltweit gibt es nur neun Honigbienenarten. Doch leben die Honigbienen nicht als Einzelgängerinnen, sondern in riesengroßen Familien, ohne die sie nicht überleben können. In vielen Ländern wohnen solche Bienenvölker heutzutage in Bienenstöcken, sogenannten Beuten, die der Mensch für sie baut. Imker kümmern sich um die Bienenvölker und pflegen sie.

Zum Beispiel in solchen Beuten halten Imker ihre Bienenvölker.

Der Reinigungsflug

Endlich ist der kalte Winter vorbei. Die Honigbienen haben ihn im Bienenstock verbracht, sich gegenseitig warmgehalten und nur von ihren Vorräten gelebt. Doch im Frühling wird es wärmer. Höchste Zeit, Eier zu legen und neue Bienen zu erschaffen.

Doch zuerst müssen die Bienen jetzt ziemlich dringend Aa machen. Denn während der monatelangen Winterpause haben sie „eingehalten". Deshalb wird auch der Bienenstock in der langen, kalten Jahreszeit nicht dreckig, obwohl tausende von ihnen dort überwintern.

An einem der ersten wärmeren Tage fliegen sie raus, um abzukoten, also ihre Kotblase zu entleeren. Diese befindet sich im Hinterleib und ist prall gefüllt.

Woher wissen die Bienen aber, dass der Frühling da ist? Natürlich an den Temperaturen – liegen diese bei 10° Celsius oder höher, wissen die Bienen, dass sie raus können. Das ist aber nicht ganz ungefährlich, denn Wind oder letzte Schneereste können den Rückflug erschweren. Im Schnee würden sie unterkühlen, bewegungslos werden und schließlich sterben.

Sammelbiene bei der Arbeit

Frohes neues Jahr: Die Arbeit beginnt von vorn

Das Bienenvolk besteht überwiegend aus Arbeitsbienen. Jede Arbeitsbiene kann fünf Phasen in ihrem Leben erreichen. Dabei ist jede dieser Lebens- oder Arbeitsphasen einer Biene unterschiedlich lang und an die Jahreszeit angepasst, in der die Biene lebt.

Jungbienen beginnen ihr Leben als Putzbiene. Abgesehen von den Larven sind sie die Jüngsten im Volk. In dieser allererersten Zeit putzen sie die Brutzellen, aus denen sie und andere kurz vorher geschlüpft sind.

Die Lebensphasen einer Honigbiene

Die Biene füttert die älteren Maden mit Pollen und unreifem Honig und wärmt die Brut.

1. – 2. Tag → **3. – 5. Tag** → **6. – 12. Tag**

Die Biene putzt die Brutzellen

Die Biene füttert die jüngeren Maden mit Geleé royale.

13. – 21. Tag

22. – 35. Tag

22.–35. Tag: Flugbiene: Sammelflüge für Nektar, Honigtau, Pollen, Kittharz, und Wasser; Gelegenheitsarbeiten: Warmluft raus- und Frischluft reinfächern, Bauen (nach dem Schwärmen)
ab dem ca. 35. Tag: Die Biene stirbt.

13.–18. Tag: Baubiene: Absondern der Wachsplättchen, Wabenbau
15.–18. Tag: Übernahme und Einlagerung von Nektar (=Honigreifung) und Pollen
ab dem 16. Tag: Die Biene fliegt sich ein.
17.–21. Tag: Wächterbiene: Abwehr von Wespen, räubernden Bienen und sonstigen Eindringlingen

Und so wird geputzt

Nur saubere Brutzellen können wieder dafür genutzt werden, dass neue Jungbienen in ihnen entstehen. Die Putzbienen müssen alle alten Brutreste entfernen, zum Beispiel Larvenkot und Kokon-Stücke. Das machen sie mit ihren Mundwerkzeugen.

Erst danach folgt das gründliche Reinigen und Desinfizieren. Dafür benutzen die Bienen Propolis und ein öliges Sekret aus den Drüsen ihrer Mundwerkzeuge.

Die Mundwerkzeuge der Biene

Propolis interessiert dich? Dann lies mal die Seite 79.

Geputzt wird mit dem Mund!

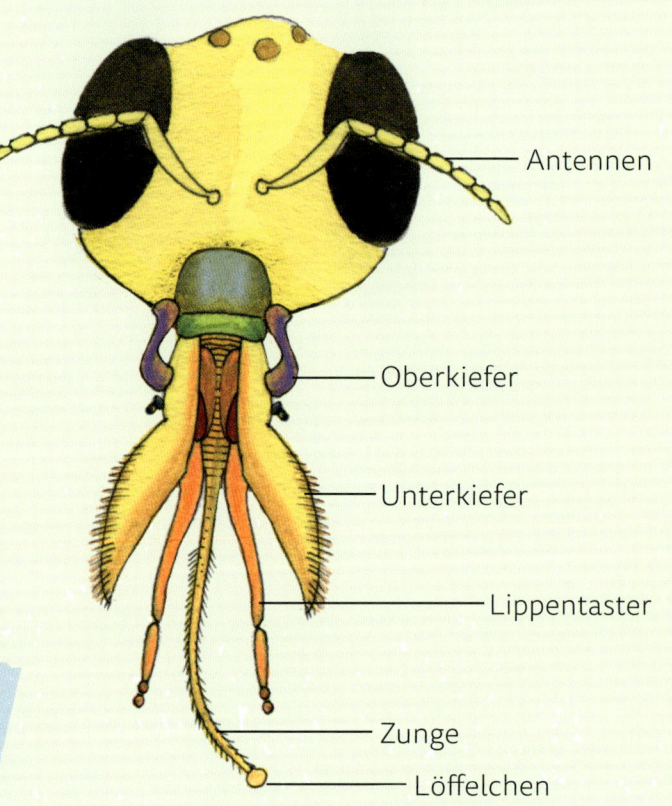

Antennen

Oberkiefer

Unterkiefer

Lippentaster

Zunge

Löffelchen

Als Putzbiene arbeiten die Jungbienen zwei bis drei Tage. Dann übernehmen die neuen, frisch geschlüpften Bienen ihre Aufgabe. Ihr Körper ist noch stark behaart und feucht.

14

Putzbienen erkennt man wie gesagt an ihrer starken Behaarung. Sie halten sich nur im Bereich des Brutnestes auf, sprich in der Mitte ihres Bienenvolkes.

Noch verlassen sie nicht ihre Behausung, die man Beute nennt. Erst nach etwa zwei bis drei Tagen krabbeln sie für kurze Flugübungen nach draußen.

Dort entleeren sie ihre Kotblase und schweben dann erst einmal für ein paar Sekunden vor dem Flugloch. Anschließend fliegen sie im sogenannten Kreisflug wenige Minuten lang Kreise in der Luft. Dabei entfernen sie sich von der Beute in Richtung Sonne, kommen aber schon bald wieder zurück. Bei diesen Orientierungsflügen prägen sie sich die Umgebung der Beute ein und üben schon mal für die gefährlichste Arbeit ihres Lebens: das Sammeln!

So klein und schon so fleißig

Alle Bienenkinder säubern immer sofort und gründlich ihre Kinderzimmer. Und die überlassen sie dann ihren zukünftigen jüngeren Geschwistern. Denn sobald eine Wabenzelle anstandslos sauber ist und von der Königin geprüft wurde, legt diese ein neues Ei hinein. Praktischerweise wärmen die Putzbienen mit ihrer Körperwärme auch die Brutzellen. Das ist wichtig, weil die Bienenlarven ständig eine Temperatur von 35° Celsius benötigen. Nur dann können sie überleben und sich ohne Schäden entwickeln.

So vergrößert sich das Bienenvolk im Frühling sehr schnell, damit es genug Arbeitsbienen für den Sommer gibt.

Mehr zur Sammelbiene findest du auf S. 30.

Arbeiterinnen vor ihrem Flugloch

Auf zu Opa

Leni ist aufgeregt! Sie freut sich so auf ihren Opa. Gut, dass sie sich mit dem Aufräumen beeilt hat. Und sie ist richtig neugierig auf Opas Freundin Wiebke, die Imkerin. Hoffentlich hat sie heute Zeit für sie. Ob sie einen Tipp für Ari hat? Natürlich wird Leni ihr nichts von ihrer neuen Bekanntschaft verraten. Denn, wenn die Imkerin es weiß, dann weiß es auch Opa und schließlich ihre Mama. Und Leni darf nicht riskieren, dass ihre Mama von Ari erfährt. Sie hat nämlich riesige Angst vor fliegenden Insekten. Und wenn sie auch noch summen, ist ihr völlig egal, ob Biene, Wespe, Hummel oder Hornisse: Sie schreit!

Leni hebt vorsichtig die Schachtel etwas hoch und versucht, durch eines ihrer Bleistiftlöcher in das Innere zu linsen. Ob Ari sich wohlfühlt? Ob sie genügend Luft bekommt? Seit sie losgefahren sind, hat sich Ari nicht bewegt und Leni hat nicht mal ein kurzes Bsss gehört. Okay, einen Versuch ist es wert. Leni beobachtet vom Rücksitz aus ihre Eltern. Die sind in ein Gespräch vertieft. Die Schachtel ihrer Tochter haben sie noch gar nicht bemerkt. Jetzt ist der perfekte Zeitpunkt, um mal einen Blick hineinzuwerfen. Als Leni den Deckel ganz leicht anhebt, summt Ari auf einmal los. Bssss. „Wann kann ich denn raus?"

Pst! Leni klappt den Deckel schnell zu. Auf einmal sind Mama und Papa ganz still. Mama schaltet das Radio aus. „Hast du das gehört, Dominik?" Und dann wird es ungemütlich. Mama verrenkt sich auf ihrem Fahrersitz und bewegt sich so, als schwirrten plötzlich tausende Wespen im kleinen Auto. Ab und zu wedelt sie wie wild mit der Hand um ihren Kopf herum. „Ach, da war nichts, Schatz", sagt Papa zwar, aber er sucht bereits alle Ecken nach lästigen Brummern ab.

„Doch, doch. Ich hab's genau gehört. Es war eine Wespe!"

Leni kann die steigende Panik in Mamas Stimme hören.

„Bitte, Dominik, schmeiß sie raus!", bettelt ihre Mama. „Sonst kann ich nicht weiterfahren."

„Ich sehe keine Wespe", sagt Papa und hält sich dabei am Polster des Beifahrersitzes fest. „Wenn du an der Tankstelle anhältst, dann kannst du tanken und ich schaue überall im Auto nach. Versprochen!"

Papa sieht sich weiter suchend um, dabei fällt sein Blick auf Lenis Schachtel. Während Lenis Mama den Blinker setzt, um die nächste Ausfahrt zu nehmen, zeigt Papa auf die Pappkiste. „Was hast du denn dadrin, Leni?" Oh nein! Was soll sie denn jetzt bloß sagen?

Aber zum Glück kommt sie nicht zum Antworten. „Leni, pass bloß auf. Lass dich ja nicht stechen!", schreit Mama panisch nach hinten. „Alles gut. Hier ist keine Wespe. Echt nicht", sagt Leni. Das ist ja nicht gelogen. Ari ist schließlich keine Wespe!

Nach dem Tanken parkt Lenis Mama am benachbarten Rastplatz und flitzt auf die Damentoilette. Ihr Papa durchsucht das Auto. Er sieht wirklich in allen Ecken nach, räumt sogar alle Taschen nach draußen. Zum Glück hat Leni ihre Sachen bei sich, während sie auf der Wiese auf- und abgeht:

Ihren lila Rucksack und auch ihre Pappschachtel. Unauffällig versucht Leni, mit Ari zu sprechen. Sie erklärt der Biene, warum sie ganz leise sein muss.

„Aber ich bin doch eine Biene und keine Wespe!", protestiert Ari wieder und will nun endlich wissen, was das ist.

„Na, das sind Insekten, die sehen fast genauso aus wie ihr. Nur nerven die manchmal ganz doll, besonders, wenn man im Freien etwas isst. Dann wollen sie auch etwas abhaben und surren einem ständig um die Nase herum. Und manchmal stechen sie sogar zu, wenn man sie verjagen will."

„Das würde ich niemals machen!"

„Ich weiß", beteuert Leni. „Das ist echt gemein, dass ihr immer verwechselt werdet!"

Und auch wenn Ari offensichtlich überhaupt gar nicht verstehen kann, warum Lenis Mama trotzdem Angst vor ihr hat, verspricht sie, nicht mehr zu summen. Als Leni sich sicher ist, dass die Biene auf sie hören wird, öffnet sie den Deckel einen Spaltbreit und lässt Ari, die mal dringend muss, aus der Kiste herauskrabbeln. „Aber mach schnell!", mahnt Leni. „Wir fahren bestimmt gleich weiter."

Nachdem Ari ihr Geschäft erledigt hat, setzt sie sich wieder auf den Deckel von Lenis Schachtel und tankt frische Luft. Da fliegen ein paar Bienen ganz nah an ihnen vorbei. Aber sie grüßen Ari gar nicht. Einige landen auf den Wiesenblumen. Andere trinken aus einer Pfütze.

„Guck mal. Da sind schon die ersten Bienen. Kennst du die?", fragt Leni.

„Nein", sagt Ari. „Die riechen ganz anders als meine Schwestern."

„Schade", aber Leni gefällt der Gedanke, dass die Wiese eine Tankstelle für Pollen und Nektar ist. „Es ist, als ob die Bienen auch zum Tanken zur Tankstelle herfliegen. Genauso wie wir!" Und auch wenn Leni anbietet, dass Ari es ihnen gleichtut, hat die Biene keine Lust zu essen und zu trinken. „Ich will ganz schnell nach Hause und mich um meine kleinen Schwestern kümmern."

Wieder ist Leni beeindruckt. Ari denkt immer nur an ihre Schwestern. Das ist irgendwie total lieb. Deswegen hofft sie, dass Ari ihre Familie auf den Wiesen in Opas Nachbarschaft finden wird.

„Los geht's!", ruft Papa. „Wir fahren weiter!" Schnell lässt Leni Ari in ihre Schachtel klettern. „Komme!"

Als Leni ins Auto steigt, hat sie plötzlich eine dringende Frage: „Wann bekomme ich denn eigentlich ein Geschwisterchen?"

„Ups. Wie kommst du denn jetzt darauf?" Papa sieht zu Mama und schmunzelt.

„Nur so", sagt Leni. „Ich würde mich gerne um das Baby kümmern. Ich würde auch meine Wab..., ähm, ich meine mein Zimmer mit ihm teilen. Wirklich."

Papa grinst und versetzt Mama einen leichten Rippenstoß. „Na, was sagst du dazu, Jenny?" Mama lächelt. Auf jeden Fall scheint sie die Wespe im Auto vergessen zu haben.

Im Frühling hat der Bien, sprich die Gemeinschaft aller Bienen eines Volkes, eine Hauptaufgabe: Er will schnell und stark wachsen. Denn nur wenn die Bienenfamilie groß genug wird, können aus ihr neue Völker entstehen. Und das funktioniert nur, wenn jede Biene immer genau weiß, was sie gerade tun muss.

FrauenSache

Die Bienenfamilie – jeder weiß, was zu tun ist

Ein Bienenvolk ist Frauensache! Es besteht fast nur aus Weibchen, nämlich vor allem aus Arbeitsbienen. Während im Winter etwa 10.000 von ihnen im Bienenstock leben, sind es im Sommer zwischen 40.000 und 60.000 Bienen. Das sind so viele Bienen, wie Zuschauer in ein Fußballstadion passen.

Stell dir mal vor, dass die Menschen dort wohnen und arbeiten würden. Ganz schön wuselig, oder? So ist es im Bienenstock, aber trotzdem läuft dort alles ganz geordnet ab.

In moderne Stadien passen bis zu 75.000 Besucher hinein.

Gemeinsam stark: Bienenschwarmtraube

Eine Bienenkönigin wird auch
Stockmutter oder Weisel genannt.

Die wichtigste Biene

60.000 Bienen in einem kleinen Bienenstock und
die meisten davon sind Weibchen. Und die allerwich-
tigste Biene – die Königin – ist auch eines.

Sie ist als einziges weibliches Lebewesen ihres Volkes
voll entwickelt. Nur sie kann Eier legen, während alle
anderen Arbeitsbienen unfruchtbar sind. Die Bienenkönigin ist deshalb größer als eine Arbeiterin. Ihr
Hinterteil ist deutlich länger, weil dort die vielen Eier
entstehen, die eine Königin von Frühling bis Herbst
ständig legt.

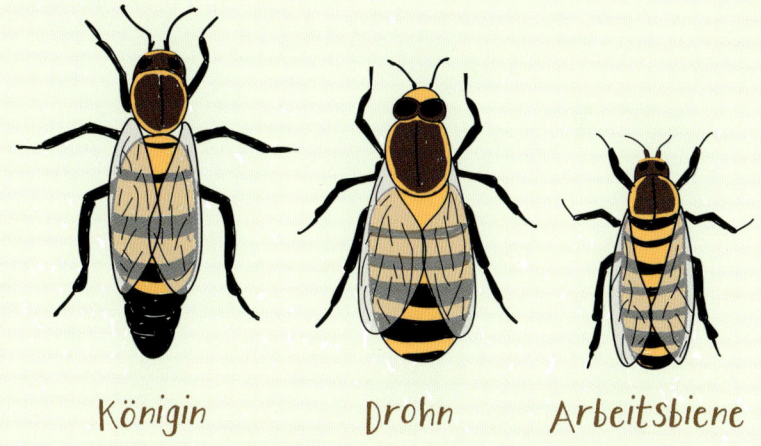

Königin   Drohn   Arbeitsbiene

Die Königin legt pro Minute ein Ei, jeden Tag etwa
2.000 Stück. Das können pro Saison bis zu 200.000
Eier werden. Man könnte fast meinen, die Königin
wäre eine Eierlegmaschine.

19

Die Königin und ihr Hofstaat

Die Bienenkönigin hat einen richtigen Hofstaat, das heißt, dass sie ständig von jungen Arbeiterinnen umringt ist. Diese beschützen und versorgen die Königin und lecken von ihrem Körper die Königinnensubstanz ab. Auf diese Weise nehmen die Arbeiterinnen Duftstoffe, sogenannte Pheromone, auf.

Weil Bienen in ihrer Beute so dicht gedrängt leben, haben sie ständig miteinander Körperkontakt. Dadurch verteilen sich die Duftstoffe schnell im gesamten Volk. Sie bewirken, dass die Arbeitsbienen unfruchtbar bleiben.

Bienenkönigin mit Hofstaat

Und wieso Kann eine BienenKönigin Eier legen?

Eine Königin wird nicht als solche geboren, sondern zu einer Königin gefüttert. Na, neugierig geworden? Dann lies doch mal auf Seite 46–48 nach.

Eine Bienenkönigin wird ihr Leben lang nur mit einem Spezialfutter gefüttert, dem Gelée royale. Das ist ein Sekret der Futtersaftdrüsen im Kopf der Jungbienen, die es ab ihrem sechsten Lebenstag bilden können. Das Gelée royale lässt die Königin größer und älter als andere Bienen werden und sorgt dafür, dass sie fruchtbar bleibt. Doch je älter die Königin wird, desto weniger Eier kann sie legen. Wenn nichts dazwischenkommt, wird sie bis zu fünf Jahre alt. In dieser Zeit ist sie eigentlich gar keine richtige Königin, wie wir sie uns aus Märchen und Geschichten vorstellen. Sie ist nämlich die Mutter des Bienenstockes. Und die sorgt dafür, dass ihre Großfamilie, das Bienenvolk, nicht ausstirbt.

Arbeiterin (links) füttert eine Königin (rechts).

Die „Kindermädchen" einer Bienenfamilie

Die jungen Bienen arbeiten nicht nur für die Königin. Als sogenannte Ammenbienen füttern sie auch die Larven des Bienenvolkes.

Ab ihrem dritten Lebenstag stellen sie bereits Futter für die älteren Larven her: Einen Brei aus Pollen und unreifem Honig, den die Königin nicht zu fressen bekommt. Für die Königin und die Allerkleinsten in der Familie ist das Gelée royale reserviert, das nur die älteren Ammenbienen produzieren können. Larven können in den ersten drei Tagen noch keine Pollennahrung verdauen und „dürfen" daher wie eine Königin Gelée royale speisen.

Eine Amme ist so eine Art Kindermädchen ... also hier dann wohl eher ein „Kinderbienchen", das die Larven füttert. Ammenbienen sind ehemalige Putzbienen, die ihre Putzzeit erfüllt haben. Von nun an beginnt ihre zweite Lebensphase, während frisch geschlüpfte Putzbienen für sie nachrücken und das Säubern der Brutzellen übernehmen.

Ammenbienen füttern die älteren Larven.

Bienenbaugerüst – die Bienenkette!

Ganz schön viel Wärme entsteht, wenn so viele Bienenkörper so nah beieinander hocken. Dann wird das Wachs schön weich und lässt sich leichter verarbeiten. Übrigens ist die Arbeit auf so einer Bienenbaustelle richtig anstrengend. Die beteiligten Bienen müssen viel fressen, um bei Kräften zu bleiben.

Mehr zur Wachsherstellung der Bienenbaustelle findest du auf Seite 34–35!

Vom Kindermädchen zum Bauarbeiter

Auch die Ammenbienenphase ist schnell vorüber: An ihrem elften Bienenlebenstag nehmen die Wachsdrüsen der Jungbienen ihre Arbeit auf, während sich bis zum dreizehnten Tag die Futtersaftdrüsen zurückbilden: Aus der Ammenbiene wird eine Baubiene.

Baubienen helfen sich mit Teamwork: Sie hängen sich aneinander, bis ein lebendiges Gerüst aus Bienen entsteht, die sogenannte Baukette. Jede einzelne Biene sondert dann Wachsplättchen ab, die dorthin weitergeleitet werden, wo sie als Baumaterial gebraucht werden.

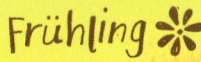

Wie du siehst, haben Honigbienen in ihren ersten zwei Lebenswochen bereits drei Berufe ausgeübt: erst Putzfrau, dann Kindermädchen und nun sogar Bauarbeiterin. Und sie helfen auch noch dabei, die eintreffende frische Tracht durch den Bienenstock zu transportieren, damit der Nektar zu Honig reifen kann. Unglaublich, was Gemeinschaft möglich macht! Innerhalb weniger Tage entstehen mehrere Waben. Der Bien wächst Stück für Stück.

Eine Wabenzelle nach der nächsten wird gebaut.

Halt! Ohne Wachdienst keine Sammelerlaubnis

Wächterbienen bewachen das Flugloch.

Baubienen machen an ihrem 16. Lebenstag Trainingsflüge. So erkunden sie schon mal die Außenwelt und bereiten sich auf ihre übernächste Aufgabe vor, das Sammeln. Zwei Tage später beginnt ihre nächste Lebensphase als Wächterbiene. Wächterbienen überwachen am Flugloch den Bienenstock und jeden, der hineinwill. Bei einem Angriff rufen sie mit speziellen Alarmduftstoffen andere Bienen aus dem Stock schnell zu Hilfe. Mit ihrem Giftstachel wehren sie Angreifer und Eindringlinge ab. Wenn die Wächterbiene 21 Tage alt ist, endet ihr Wachdienst auch schon wieder.

Neue und alte Freunde

„Opaaa!" Leni fällt ihrem Großvater um den Hals. Und er freut sich auch sehr darüber, seine Enkelin endlich wiederzusehen. Das kann Leni in seinen Augen erkennen. Und daran, dass er ihren Lieblingsschokohonigkuchen gebacken hat. Der leckere Duft ist Leni schon draußen in die Nase gekrochen, als sie aus dem Auto gestiegen ist.

„Leni, mein liebes Kind! Endlich! Ich habe dich mächtig vermisst!"

Gleich nach der Begrüßung hat es Leni eilig, sich in das Zimmer im ersten Stock zu verdrücken, in dem sie immer schläft. Schließlich muss sie Ari erst einmal unterbringen, bevor irgendjemand wieder wissen will, was sie in der Schachtel zu verbergen hat.

Leni kann es kaum erwarten, dass sie mit Opa ihren Spaziergang macht. Vielleicht hat er schon mit Wiebke telefoniert, vielleicht können sie die Imkerin auch gleich besuchen? Denn dann will sie Wiebke endlich befragen und Ari kann sich auf die Suche nach ihrem Bienenstock machen. „Du musst noch etwas hier warten, Ari", flüstert sie der Biene zu. „Nach dem Kuchenessen hole ich dich ab und wir gehen deine Familie suchen."

Zum Glück wollen Mama und Papa nach dem Schmaus Großeinkauf mit dem Auto machen. Für Opa. Das heißt Leni und er haben alle Zeit der Welt für ihren Spaziergang. Gleich nachdem die Eltern losgefahren sind, holt Leni ihren Rucksack und natürlich Ari. Erst stopft sie die Jacke hinein und ganz obendrauf legt sie vorsichtig die Schachtel. Sie lässt die Tasche oben offen, damit die Biene genügend Luft bekommt.

„Auf geht's, Leni!" Opa ist schon startklar und er hat eine Überraschung. „Weißt du, Kind, wir werden diesmal einen Abstecher machen."

„Wirklich, Opa? Du hast deine Freundin erreicht?"

„Oh ja! Wiebke erwartet uns. Und sie hat mir auch schon so viel über Bienen erzählt. Ich weiß jetzt genau, was diese nützlichen Tierchen essen und trinken, wie sie wohnen und was sie von Wespen unterscheidet. Ach ja: Und natürlich, was Putzbienen sind ... Aber das kannst du dir alles von ihr persönlich erklären lassen."

„Super!" Leni freut sich. Auf Opa ist echt Verlass!

Wiebke empfängt ihren Besuch schon am Tor ihres großen Anwesens.
Das Haus ist mindestens zweimal so groß wie Opas und der wildbewachsene
Garten sogar fünfmal. Wiebke sieht nett aus, sie macht in ihrer gemütlichen Küche
sogar eine große Tasse Kakao für Leni. Und dann darf sie ihre Fragen stellen. Und
davon hat Leni wirklich viele mitgebracht. Aber Wiebke weiß so viel, viel mehr als
Leni fragen kann. Sie erzählt ihr nicht nur, was Putzbienen sind, Leni erfährt, dass
Bienen im Laufe ihres Lebens viele verschiedene Aufgaben haben. Ari wusste es
vielleicht noch nicht, aber wenn sie in der Schachtel inzwischen nicht eingenickt
ist, dann hat sie jetzt erfahren, dass sie als Nächstes eine Ammenbiene sein wird.

„Möchtest du noch etwas wissen, liebe Leni?", fragt Wiebke, als sie mindestens
zwei Stunden erzählt hat. Jedenfalls kommt es Leni so vor. Natürlich möchte Leni.
Die wichtigste Frage muss sie noch stellen. Die Frage aller Fragen – für Ari.

„Ja, ähm, ich würde gerne wissen, was Bienen machen, wenn sie sich verfliegen."

„Hm", sagt Wiebke und runzelt die Stirn. „Das ist aber eine sehr interessante Frage." Die Imkerin steht auf und läuft in der Küche auf und ab. Manchmal bleibt sie stehen und lauscht. Leni stellt lieber ihren Kakao auf dem Tisch ab, um bloß kein Geräusch zu machen und Wiebke zu stören. „Weißt du, ich mache ja manchmal Klassenführungen und die Schüler haben immer ganz viele Fragen. Aber das …" Wiebke macht eine Pause und kratzt sich am Kopf. „Das hat mich noch nie jemand gefragt." Sie sieht Leni eindringlich an. „Und weißt du auch warum?" Leni zuckt die Schultern. Ihr Opa meldet sich. „Opa! Wir sind doch nicht in der Schule!" Leni muss kichern. Aber Wiebke macht mit und nimmt ihn dran. Als wäre sie die Lehrerin. „Ja, Dieter?"

„Ich glaube, weil Bienen sich nicht verfliegen können. Soweit ich weiß, haben sie ja so etwas wie eine innere Landkarte, oder?"

„Das hast du mir schon mal erzählt, Opa", sagt Leni. „Aber was ist, wenn es doch passiert?"

Wiebke hört aufmerksam zu und dann schüttelt sie den Kopf. OH WEIA! Wenn die Imkerin jetzt auch behauptet, dass Bienen sich nicht verfliegen können, was soll Leni dann machen? Dieses Mal weiß sie es ja wohl besser als Wiebke. Denn Leni hat den lebenden Beweis dafür. Genau dadrin, in ihrem lila Rucksack und in dieser grün-gelb gepunkteten Pappschachtel: Ari!

„Also", sagt Wiebke und Leni hält gespannt den Atem an. „Unter normalen Umständen könnten sie sich nicht verfliegen, da hast du recht, lieber Dieter. Aber …"

Die Imkerin macht es wirklich spannend, weil sie erst einmal einen großen Schluck Kaffee nimmt. „Manchmal machen räuberische Tiere Jagd auf den Honigvorrat oder sogar auf die Bienen. Wenn dabei der Bienenstock überfallen wird oder kaputtgeht, dann könnten in so einem Durcheinander unerfahrene Jungbienen, die noch nie geflogen sind und draußen keine Orientierung haben, hinausgeschleudert werden. Unter solchen Umständen könnte es schon passieren."

Als Leni das hört, muss sie schlucken. Arme Ari. Ob ihr wohl so etwas Schlimmes passiert ist? „Und, und wie kann sie dann wieder zurückfinden? Kann man herausfinden, wo sie zu Hause ist?" Obwohl die Fragen aus Leni nur so herausprudeln, hat sie doch ein bisschen Angst vor der Antwort.

„Das ist schwierig", sagt Wiebke. „Wer könnte denn so einer einsamen Biene helfen? Wenn sie nicht selbst zurückfindet und zu weit weggeflogen ist, dann wird sie auch nicht auf ihre Geschwister treffen. Nein, ich fürchte, leider kann ihr keiner mehr helfen."

Oh nein! Am liebsten würde Leni jetzt Ari die Ohren zuhalten. Sie hat ihr versprochen, zu helfen. Außerdem kann es doch sein, dass Aris Stock hier in der Nähe ist.

Fast kommen Leni die Tränen. Sie versucht, den Kloß in ihrem Hals hinunterzuschlucken.

Die Imkerin verschränkt die Arme und betrachtet Leni ganz genau. Und dann packt sie ihren Imkeranzug, der fast so aussieht wie ein Raumanzug mit einem riesigen Netzhelm, und zieht ihn sich über. „Kommt mal mit!" In einem großen Gartenhaus hat sie noch andere Anzüge, die sich Leni und ihr Opa anziehen sollen.

Obwohl Leni eben noch fast zum Heulen zumute war, könnte sie jetzt laut loslachen. Das liegt daran, dass Opa total lustig in diesem Imkerkostüm aussieht, und auch, weil es sich echt komisch anfühlt, in so einem Ding zu stecken, und zu versuchen, normal zu gehen.

Während sie aus dem Gartenhaus watscheln, redet Wiebke einfach weiter. Sie muss diesen Anblick wohl längst gewohnt sein.

„Du hast doch sicher schon mal etwas von Patchwork-Familien gehört, oder?", fragt die Imkerin Leni.

Leni nickt. „Meine Freundin Anna lebt in so einer Familie. Ihre Mutter ist nämlich nicht ihre richtige Mutter. Und Finn ist ihr Halbbruder. Ich meine, sie haben denselben Vater, aber unterschiedliche Mütter. Trotzdem sind sie zusammen eine Familie."

„Besser hätte ich es nicht erklären können!", sagt Wiebke.

„Ich auch nicht!" Opa klopft seiner Enkelin auf die Schulter und hebt den Daumen, der in einem dicken weißen Imkerhandschuh steckt.

„Bienen leben immer in solchen Patchwork-Familien", fährt die Imkerin fort. „Bis auf die Königin sind in einem Bienenvolk alle Bienen Halbgeschwister. Genauso wie deine Freundin und ihr Bruder."

Leni nickt wieder, aber sie versteht nicht, worauf Wiebke hinauswill.

Inzwischen sind sie an einem Zaun angekommen. Dahinter stehen auf der Wiese lauter aneinandergereihte bunte Holzkisten. Von hier aus kann man schon das Summen hören. Drumherum schwirren einige Bienen. Wiebke hebt die Hand. „Halt! Bevor wir da hingehen, erzähle ich dir, was ich meine, Leni: Die Bienen sind deswegen Halbgeschwister, weil sie alle dieselbe Mutter haben, die Bienenkönigin. Aber sie haben unterschiedliche Väter."

Leni klopft plötzlich das Herz bis zum Hals. Sie versucht, die Hand von ihrem Opa zu halten. Aber das ist gar nicht so leicht mit den übergroßen, steifen Handschuhen. Hat Wiebke eben „hingehen" gesagt? Oh nein!

„Du brauchst keine Angst zu haben!", sagt die Imkerin. Aber sie hat gut reden. Leni sieht zu ihrem Opa, der ihr den Kopf streichelt. Also eher den Hut.

„Nun ja, Wiebke", sagt Opa. Offensichtlich hat auch er seine Bedenken. „Das ist leichter gesagt als getan. Ist das nicht gefährlich?"

Die Imkerin winkt ab. „Ach was! Honigbienen sind nicht aggressiv, sie stechen nur bei Gefahr zur eigenen Verteidigung. Wenn wir sie also nicht ärgern, dann passiert uns auch nichts. Zumal es ihren Tod bedeuten würde, in elastische Haut wie die unsere zu stechen. Beim Rausziehen des Stachels reißt nämlich ihr Hinterteil ab. Und wozu meint ihr, habt ihr die Schutzanzüge an? Wichtig ist, dass ihr euch nicht hektisch bewegt. Es kann wirklich nichts passieren."

Aber Leni ist sich nicht so sicher.

„Zurück zur Patchwork-Familie. Was ich meine, ist, wenn eine Biene nicht mehr nach Hause findet, könnte sie theoretisch in einem anderen Bienenstock unterkommen", erklärt Wiebke. „Die Bienen sind schließlich Patchwork gewohnt. Damit sie die einsame Biene als neues Familienmitglied adoptieren, darf sie aber nicht in räuberischer Absicht kommen. Und wichtig ist auch, dass das alte Zuhause der Biene mehr als drei, besser noch fünf Kilometer weit entfernt ist."

Leni macht große Augen. „Wirklich?" Es ist also möglich, dass Ari ein neues Zuhause findet.

Das hätte Ari mitbekommen sollen. Leni kann es kaum erwarten, ihr davon zu erzählen. Es ist dann nicht ihre eigentliche Familie, aber zumindest würde sie sich nicht mehr so einsam fühlen. Es könnte klappen, denn Ari ist ganz sicher keine Räuberin. Und vielleicht freut sie sich ja auch, wenn sie sich um andere Bienenbabys kümmern kann?

Wiebke lächelt und nickt. Und dann sagt sie etwas, das Leni noch mehr in Staunen versetzt. Können Imker auch Gedanken lesen? „Ich dachte mir nämlich", sagt Wiebke, „dass du mal meine Bienenstöcke sehen solltest, weil du vielleicht gerne das neue Zuhause deiner Biene kennenlernen willst, bevor wir sie den Bienen hier vorstellen."

Lenis Mund klappt auf. Bevor sie irgendetwas sagen kann, schreitet ihr Opa ein. „Deine Biene? Was soll das heißen, Leni?"

„Komm", sagt Wiebke. „Wir gehen sie lieber doch schon gleich holen. Und unterwegs erzählst du uns, wieso du eine Biene mitgebracht hast, ja?"

Opa sieht von Leni zu seiner Schulfreundin. „Gut, dass ihr die Schutzkleidung tragt", lacht die Imkerin, „sonst wär's mit offenem Mund vielleicht doch ein bisschen gefährlich."

Sammeln, sammeln und nochmals sammeln

Nun ist aus der Stockbiene eine Flugbiene geworden, die als Kundschafter- oder Sammelbiene arbeitet. Und auch hier gibt es eine perfekte Aufgabenteilung: Kundschafterbienen sind für die Nahrungssuche zuständig. Wenn sie erfolgreich waren, fliegen Sammelbienen los, um es zu holen. Jede Sammelbiene sammelt etwas anderes – die eine bringt Wasser in den Bienenstock, die andere Pollen und wieder andere sind auf Nektar oder Honigtau spezialisiert. So wird sichergestellt, dass von den wichtigen Dingen immer genug im Stock vorhanden ist.

Übrigens:
Je nach Bedarf können sich die Aufgaben der Sammelbienen verschieben. Wenn es zum Beispiel sehr heiß ist, wird mehr Wasser benötigt. In dem Fall holen dann auch solche Sammelbienen Wasser, die vorher für etwas anderes zuständig waren. Das geschieht so lange, bis genug von dem vorhanden ist, was gerade besonders dringend benötigt wurde.

Lebensspendender Frühling: Was genau bringen die Sammelbienen da mit?

Schon während ihres Reinigungsfluges haben die Bienen Ausschau nach zwei Dingen gehalten: erstens nach Wasser und zweitens nach Pflanzen, die ihnen Nahrung bieten. Man nennt diese auch Trachtpflanzen.

Beides brauchen die Bienen für ihr Überleben, ganz besonders nach der Winterzeit. Wenn es sich also lohnt, dann fliegen Bienen bis zu fünf Kilometer weit von ihrer Beute, also dem Bienenstock, weg, um diese wichtigen Dinge zu sammeln. Ein Stock sollte deshalb dort aufgestellt werden, wo es von Frühling bis Herbst möglichst viel Nahrung für sie gibt. Meistens müssen Bienen dann nur in einem Umkreis von einem Kilo-

meter um die Beute herum sammeln. Andere Bienenvölker in der Nähe stören nicht, es ist meist genug für alle da. Die Ausflugsdauer einer Biene liegt zwischen 25 und 45 Minuten, je nachdem, wo sich die Nahrung befindet und wie viel es davon gibt.

Die Entfernung von der Beute zur Trachtquelle wird Flugradius oder auch Sammelradius genannt. Der Radius ist der halbe Durchmesser eines Kreises. Denn das Sammelgebiet eines Biens liegt kreisförmig um den Bienenstock herum.

Wasser: ein gefährlicher Lebensretter

Wasser ist für Bienen gefährlich, denn sie können nicht schwimmen. Trotzdem fliegen sie immer wieder hin, weil sie es, genauso wie wir, zum Überleben brauchen.

Bienen brauchen Wasser, um ihren Durst zu stillen, keine Verstopfung zu bekommen, ihre Larven zu ernähren und den Bienenstock zu kühlen. Dafür sammeln sie das Wasser in der Umgebung der Beute, zum Beispiel aus Bächen, Pfützen, Teichen oder Seen. Aber auch Tautropfen auf Blättern werden von den Bienen getrunken.

Wie Bienen trinken

Um zu trinken, formen Bienen aus ihren Unterkiefern und der Unterlippe einen Saugrüssel. Durch diesen befördert ihre Zunge das aufgenommene Wasser nach oben in den Schlund. So heißt der hintere Rachen. Von dort wird das Wasser weiter in die Speiseröhre transportiert und anschließend in die Honigblase. In ihr können Bienen etwa die Hälfte ihres Körpergewichtes lagern. Auf diese Weise nehmen Sammelbienen mehr Wasser auf, als sie für sich selbst brauchen. Diesen Überschuss bringen sie zurück zum Stock.

Dort wird das Wasser dann an andere Bienen übergeben. Zum Beispiel an die Ammenbienen, die ohne Wasser kein Gelée royale herstellen können.

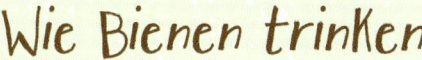

Antennen

Honigblase/ Sammelblase

Rüssel

Pollenhöschen

Wie ein bunt gedeckter Esstisch: die Bienenweiden

Mit einer Bienenweide sind alle Pflanzen gemeint, die einem Bienenvolk als Nahrung zur Verfügung stehen. Dabei ist egal, ob es Balkonblumen, Gartenkräuter, Gemüse, Wald- und Obstbäume sind oder auch bestimmte Ackerpflanzen wie Buchweizen und Raps. Hauptsache viele Blüten, die lange blühen.

Das Angebot an Pflanzen ist von Ort zu Ort verschieden. Und weil Bienen aus dem Nektar der jeweiligen Pflanzen Honig herstellen, unterscheidet dieser sich in Farbe, Geschmack und Festigkeit – je nachdem, wo die Beute steht. Lebt der Bien zum Beispiel in der Nähe eines Rapsfeldes, entsteht vor allem Rapshonig. In der Nähe einer Obstplantage würde Obstblütenhonig entstehen. Bienen im Wald stellen Waldhonig her.

Einmal volltanken, bitte!

Wenn die Kundschafterbienen gute Trachtpflanzen gefunden haben, verraten sie den Bienen im Stock den Weg dorthin. Daraufhin fliegen die Sammelbienen los. An der Bienenweide angekommen tanken sie sich mit Nektar voll, um die Stockbienen zu versorgen. Das geschieht genauso wie bei der Wasseraufnahme.

Anders verhält es sich mit dem Pollen, also dem gelben Blütenstaub der Blumen. Den schaben die Bienen mit ihren Vorderbeinen und Oberkiefern von den Blüten ab. Danach ist ihr Haarkleid vor lauter Pollen ganz gelb. Diese Pollenkörner werden dann von Bein zu Bein nach hinten gebürstet. Mit den Innenseiten ihrer Hinterbeine kämmen die Bienen den Pollen schließlich in kleine Borstentaschen auf der Außenseite der gegenüberliegenden Beine. Dort bilden sich sogenannte Pollenhöschen.

Eine weitere sehr beliebte Nahrungsquelle ist der zuckrige Honigtau von Blattläusen, die auf bestimmten Bäumen leben. Bienen macht es überhaupt nichts aus, dass Honigtau so eine Art flüssiges Aa der Blattläuse ist. Nicht nur Bienen schmeckt übrigens der Honigtau. Ameisen fressen ihn ebenfalls mit Vorliebe.

Pollensammlerin mit prallen Pollenhöschen

Sammelbiene mitten im Blütenkelch

Heißbegehrter Energiespender: Nektar

Ameise erntet Honigtau der Blattläuse.

Honigtau

Andrang an der Tankstelle: Bitte teilen!

Bienen müssen sich ihre Bienenweide mit vielen Tieren teilen: Schmetterlinge, Wespen, Hornissen und Hummeln brauchen ebenfalls den süßen Nektar der Pflanzen. Und alle sehen sich sogar recht ähnlich. Doch bei näherem Hinsehen kann man sie gut unterscheiden.

Honigbiene

Deutsche Wespe

Erdhummel

Hornisse

Bienen sind klein, rundlich und haben eine schwarzbraune Farbe. Hummeln dagegen sind groß und pummelig. Es gibt 41 Arten von Hummeln in Deutschland. Bienen und Hummeln sind Vegetarier. Sie ernähren sich von Nektar, Pollen und Honigtau. Wespen sind schwarz-gelb und schlank. Wenn sie erwachsen sind, ernähren sie sich vor allem von Nektar und süßen Pflanzensäften. Ihre Larven füttern Wespen mit zerkauten Insekten. Durch ihre Wespentaille lässt sich der Hinterleib gut vom Rest des Körpers unterscheiden. Wespen und Hornissen gehören zu den sogenannten Faltenwespen. Deshalb ähneln sie sich auch sehr – eine Hornisse wirkt wie eine Riesenwespe. Hornissen jagen Insekten, fressen aber auch Blütennektar, reifes Obst und Baumsäfte. Alle diese vier Brummer kommen also regelmäßig mit den Blüten der Pflanzen in Kontakt. Wie bei den Bienen bleibt Pollen an ihren Körpern haften. Auf diese Weise tragen sie den Pollen von Blüte zu Blüte und tragen zur Bestäubung der Pflanzen bei. Ohne diese sogenannte Bestäubung gäbe es weitaus weniger Früchte und Gemüse.

Stockbiene befüllt Honigzelle

Mmh ... Honig!

Menschen lieben Honig, aber Honig ist vor allem für die Bienen wichtig, und zwar lebenswichtig: Er dient ihnen als Futter für die Arbeiterinnen, Drohnen und älteren Larven und ganz besonders als Wintervorrat. Ja: Der meiste Honig bleibt in der Vorratskammer. Und die muss bis zum nächsten Winter richtig voll werden. Überhaupt kein Problem, solange die Bienenweide groß genug ist und dem Volk nichts passiert.

Vom Nektar zum Honig

Von Frühling bis Herbst sammeln die Bienen mehr, als sie in dieser Zeit für ihre Ernährung brauchen. Und damit ihr Wintervorrat nicht verdirbt, dicken die Bienen den Nektar ein und wandeln ihn zu Honig um. Den lagern sie in selbst gebauten sechseckigen Wabenzellen aus Bienenwachs, den Honigzellen. Honigzellen werden nicht nur tiefer gebaut als Brutzellen, sondern auch schräger. Durch die Schräge wird verhindert, dass der frisch eingelagerte, flüssige Nektar ausläuft.

Die Bienenschablone

Wenn die Baubienen Brutzellen für Arbeitsbienen bauen, nutzen sie ihren eigenen Körper als Schablone. Das heißt, sie bauen die Brutzellen so groß wie sie selbst sind. Sollen männliche Bienen darin entstehen, sogenannte Drohnen, die ausgewachsen über einen Millimeter größer sind als Weibchen, dann werden auch die Brutzellen größer gebaut. Somit entscheiden die Baubienen, wie viele Weibchen im Stock geboren werden und wie viele Männchen.

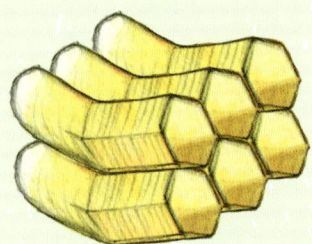

Seitlicher Blick auf schräge Honigzellen

Honigmacherinnen bei der Arbeit

Wachs und Wabenzellen

Das Wachs bilden die Baubienen in ihrem Körper und es besteht aus ganz vielen Inhaltsstoffen, besonders aus Fettsäuren und Alkohol. Für die Wachsherstellung haben die Baubienen auf der Unterseite ihres Hinterleibes acht Wachsdrüsen. Die ausgeschiedenen hauchdünnen Wachsschuppen werden mit den Mundwerkzeugen zu Klümpchen geknetet und dann verbaut.

Genau genommen bauen die Bienen runde Wabenzellen. Dort, wo sich die warmen und formbaren Wabenzellwände beim Bauen gegenseitig berühren, entstehen Ecken. Hast du schon mal zwei zusammenhaftende Seifenblasen gesehen? Zwischen ihnen entsteht eine gerade Wand, die überall gleich dünn ist.

Jede einzelne Wabenzelle ist maßgeschneidert und gleicht der anderen wie ein Zwilling. Jede hat sechs Nachbarn, also bekommt jede einzelne auch sechs gerade Wände und sechs Ecken: Es entstehen sechseckige Wabenzellen! Für sie wird am wenigsten Wachs benötigt, es passt besonders viel hinein und sie sind richtig stabil.

Wabenbau

Eine vom Imker „gezogene" (= herausgeholte) Wabe.

Ein neues Zuhause für Ari

Opa staunt nicht schlecht, als Leni Aris Schachtel hervorholt. „Und du hast sie tatsächlich eingefangen und den ganzen Weg hierhergebracht?" Leni nickt. Dabei ist Ari ja ganz von allein in die Kiste gekrabbelt. Aber Opa würde ihr das nie glauben. Deswegen mag Leni gar nicht so viel erzählen und ist froh, als Wiebke einschreitet. „Ich schlage vor, du zeigst sie uns bei den Bienenstöcken." Leni nickt wieder und wartet ab, bis die Erwachsenen weggehen. Unterwegs versucht Leni so unauffällig wie möglich, ihre Freundin vorzubereiten. „Du bekommst jetzt ein neues Zuhause und … und eine neue Familie, Ari!", flüstert sie. Ari schweigt. Es ist nichts zu hören. Nicht mal ein ganz kurzes Summen. Oh je! Ob es Ari gut geht? Hat Leni sie zu lange in der Kiste gelassen?

Der kurze Weg zu den Bienenstöcken kommt Leni so lang vor
wie der Weg von zu Hause zu Opa.
Das Knarren des Gartentors lässt Leni
von ihren sorgenvollen Gedanken um ihre
Freundin aufschrecken. Jetzt erst bemerkt sie,
dass sie erneut vor den Bienenstöcken stehen.
Wiebke schaut prüfend zu Leni und ihrem Opa und
hebt den Daumen, ehe sie den ersten Schritt Richtung
Bienenstock macht. Mehrere Bienen schwirren um die
drei herum, eine sitzt schon auf Lenis rechtem Arm und
nun landen sogar zwei direkt auf dem Netz vor ihrer Nase.
Oh nein! Leni muss die Luft anhalten. Sie traut sich nicht, sich zu
bewegen. Doch dann spürt sie es in der Schachtel vibrieren. Ari! Plötzlich ist jede Angst vergessen.
Ari lebt! Juhu!

Opas Schulfreundin winkt Leni zu sich. „Komm!" Jetzt ist es so weit! Langsam hebt Leni den
Deckel an. Mit den groben Handschuhen ist das wirklich eine Kunst. Erst sind Aris winzige Fühler
zu sehen. Dann ihre Vorderbeine. Schließlich schwirrt Ari heraus und setzt sich auf einen gelben
Punkt auf dem Pappdeckel.

„Oh, eine noch sehr junge und hübsche Biene hast du da", stellt Wiebke fest. „Ich schätze, sie ist
eine Ammenbiene. Es ist gut, dass du sie hierhergebracht hast, Leni. Es ist eher unwahrscheinlich,
dass sie wieder zurückgefunden hätte."

Opa legt Leni die Hand auf die Schulter und das gerade, als sie Wiebke widersprechen will.
Denn Leni weiß es ja diesmal wohl wirklich besser als die Imkerin.
Ari ist eine Putzbiene. Aber als Opa sich zu Ari vorbeugt, hat Leni
das Thema auch schon wieder vergessen. Denn er scheint
neugierig zu sein, ob und wie Lenis Freundin von ihren
Artgenossen aufgenommen wird. Genauso wie Leni.

Als Wiebke Ari mit dem Schachteldeckel vorsichtig zum gelben Bienenstock trägt, kommen direkt ein Dutzend Bienen auf sie zugeflogen. Leni schluckt. Was ist, wenn sie Ari nicht haben wollen? „Können sie ihr etwas antun?", fragt Leni die Imkerin und schaut sie mit großen Augen an.

„Könnten sie", sagt Wiebke. „Aber …" Weiter kommt sie nicht.

„Schaut mal!" Opa zeigt auf die Bienen, die Ari jetzt umkreisen. „Ich glaube, sie beschnüffeln sie. Kann das sein?"

Wiebke nickt. „Oh ja. Das Verhalten ähnelt ein wenig den Hunden, nicht wahr? Es gibt tatsächlich Untersuchungen, die belegen, dass Bienen sogar viel besser als Polizeihunde riechen können."

„Wirklich?" Opa staunt. Und auch Leni kann sich das irgendwie gar nicht vorstellen. Aber wie das gehen soll, das kann sie nachher Wiebke immer noch fragen. Jetzt muss sie erst einmal sehen, was mit Ari passiert. Und auf einmal lassen die anderen Bienen von Ari ab und eine Biene schubst sie sogar sanft in Richtung Eingang. „Geschafft!", ruft Wiebke. „Willkommen in deinem neuen Zuhause, kleine Biene!"

Hurra! Sie haben Ari aufgenommen. Leni könnte einen Purzelbaum schlagen, so erleichtert und froh ist sie gerade. Aber da fällt ihr Blick auf die Bienen, die immer noch auf ihrem Netzhelm herumkrabbeln, und so lässt sie es lieber bleiben. Sobald Ari in den gelben Bienenstock hineingekrabbelt ist, wird es schwer um Lenis Herz. Natürlich freut sie sich für Ari, aber sie konnte sich ja nicht mal von ihrer Freundin verabschieden – und was ist, wenn sie sich jetzt gar nicht mehr sehen können? Schließlich braucht Ari sie ja nicht mehr. Und wie soll sie Ari zwischen all den Bienen überhaupt erkennen, wenn sie nicht mit ihr redet?

„Kommt!", sagt Wiebke. „Wir können hier nichts mehr tun. Aber es ist alles gut, sonst hätten sie deine Biene gar nicht erst hineingelassen, und eine zusätzliche Ammenbiene brauchen sie jetzt sicher ganz dringend."

Leni zuckt die Schultern. Ihr ist gerade alles egal. Putzbiene oder Ammenbiene. Was macht das schon aus, wenn Ari weg ist? Leni lässt den Erwachsenen gerne den Vortritt. Vielleicht kann sie ihre Biene noch ein letztes Mal sehen? Aber nein. Ari kommt nicht mehr. Leni fürchtet, dass ihre Freundin sie längst vergessen hat. Sie dreht sich um und will Opa und seiner Schulfreundin folgen, da schwirrt eine Biene plötzlich wie wild um Lenis Kopf herum. Leni will erst um sich schlagen, doch da fällt ihr ein, wie Wiebke sie am Anfang gemahnt hatte: bloß keine hektischen Bewegungen! Okay. Tief durchatmen.

„Leni, Leni, warte! Weißt du was?"

„Ach, du bist das!" Leni fällt ein Stein vom Herzen. „Ari!"

„Ich bin jetzt eine Ammenbiene, wie meine Schwestern zu Hause!" Ari macht einen Doppelsalto in der Luft. „Ich bin schon groß! Juhu!"

„Du musst also nicht mehr putzen?", fragt Leni.

„Nein. Da sind so viele Babys, die einen großen Hunger haben. Sie fressen und fressen. Und ich muss sie füttern."

Leni freut sich sehr für Ari. Irgendwie wirkt sie auch schon ein bisschen älter.

„Leni, kommst du?", ruft Opa.

„Ich muss jetzt gehen, Ari. Meinst du, wir sehen uns wieder?"

„Ganz bestimmt", sagt Ari und summt zum Abschied besonders lang.

Bssssssssssss!

Wiebke hatte doch recht, denkt Leni, als sie sich von dem Imkeranzug befreit. Ari ist jetzt wirklich eine Ammenbiene. Opas Imkerfreundin hatte ja schon einiges darüber erzählt, aber trotzdem hat Leni noch so viele Fragen. Jetzt erst recht.

Sie würde gerne das mit den Kopfdrüsen verstehen. Kann man die eigentlich sehen? Leni stellt sich lustige Hörner vor, die einer Biene aus dem Kopf wachsen.

Jedenfalls kann Ari damit das Futter für die Bienenbabys demnächst selbst herstellen. Das ist so eine Art Saft, hatte Wiebke gesagt. Leni weiß das noch ganz genau. Das ist ein bisschen so, als wenn eine Mutter einen Säugling stillt. Dabei war Ari doch vor ein paar Tagen selbst noch ein Baby. Und da gibt es noch etwas, das Leni wissen will: Was kommt danach?

Welche Aufgabe wird Ari danach bekommen? Bei den Bienen geht das Wachsen ja SO schnell. Leni hebt die leere Schachtel hoch, mit der sie Ari transportiert hat. Vielleicht verändert sich Ari in ein paar Tagen ja schon wieder? Leni muss schlucken, als sie daran denkt, dass sie das alles nicht mitbekommen wird. Und überhaupt: Was ist, wenn Ari sie dann nicht mehr erkennt?

„Leni?" Die Hand auf ihrer Schulter gehört ihrem Opa. „Ist irgendetwas, Kind?" Leni zuckt die Achseln und starrt in das Grau der Pappe. Innen sieht die Schachtel ganz schön traurig aus, findet sie. Nicht so bunt und fröhlich wie von außen. „Komm mal her", sagt Wiebke und nimmt Leni in den Arm. „Du kannst deine Biene jederzeit besuchen kommen, weißt du? Und wenn du mal nicht kommen kannst, dann rufst du mich einfach an oder ich schicke dir ein paar Fotos von ihr."

Wiebkes Worte wirken wie Erdbeereis im Hochsommer. „Wirklich?"

Leni sieht zu ihrem Opa. Am liebsten würde sie heute bei ihm bleiben, damit sie Ari gleich morgen besuchen kann.

Ihr Opa scheint Gedanken lesen zu können. Er nickt jetzt nicht nur seiner Freundin zu, sondern auch Leni. „Ich rede mal mit deinen Eltern, ob ihr nicht heute hier übernachtet. Und wenn sie nicht bleiben wollen, dann sollen sie dich eben hierlassen und ich fahre dich morgen zurück, okay?"

„Jaaaa!"

Bestimmt haben Lenis Eltern nichts dagegen, morgen ist schließlich Sonntag. Ihre Mama darf nur nichts von der Bienensache erfahren. Leni muss grinsen. Wüsste sie, dass Leni eben im Imkeranzug bei echten Bienenstöcken war, sie würde wahrscheinlich vor Schreck umfallen.

Am nächsten Morgen steht auf Opas Frühstückstisch das große Glas Honig, das Wiebke ihnen gestern mitgegeben hat. „Aus eigener Herstellung" hat sie gesagt. Leni liebt es, bei ihrem Opa zu frühstücken.

Wenn das Wetter schön ist, dann sitzen sie im Garten und genießen die Sonnenstrahlen und den Lavendelduft, der sich von den Sträuchern am Terrassenrand überall ausbreitet. Aber heute hat es Leni eilig. Auch wenn es der beste Honig ist, den Leni bisher gegessen hat, schlingt sie ihr Brötchen ganz schnell hinunter. Wie gut, dass Mama und Papa nicht viel nachgefragt haben und Lenis Biene ein Geheimnis zwischen ihr und Opa geblieben ist.

„Komm, Opa! Meine Biene ist bestimmt längst wach und hat schon das hundertste oder tausendste Baby gefüttert." Jedenfalls müssen es unheimlich viele sein, denkt sich Leni.

„Ich beeile mich ja schon, Leni. Aber der Tisch muss abgedeckt werden, sonst brauchen wir bald im Garten auch einen Imkeranzug."

Stimmt ja, den muss sie ja auch gleich wieder anziehen. Leni muss wieder grinsen. „Und von dem leckeren Honig wäre nichts mehr übrig, wenn wir wieder zurück sind." Schnell schnappt sich Leni das Honigglas, schraubt den Deckel wieder drauf und trägt es gemeinsam mit der Butter und zwei Tassen in die Küche.

„Achtung, Kind, eins nach dem anderen. Heute hast du ja wirklich Hummeln im Hintern!"

Leni überlegt. „Nein, Opi. Ich habe nur meine Biene im Kopf."

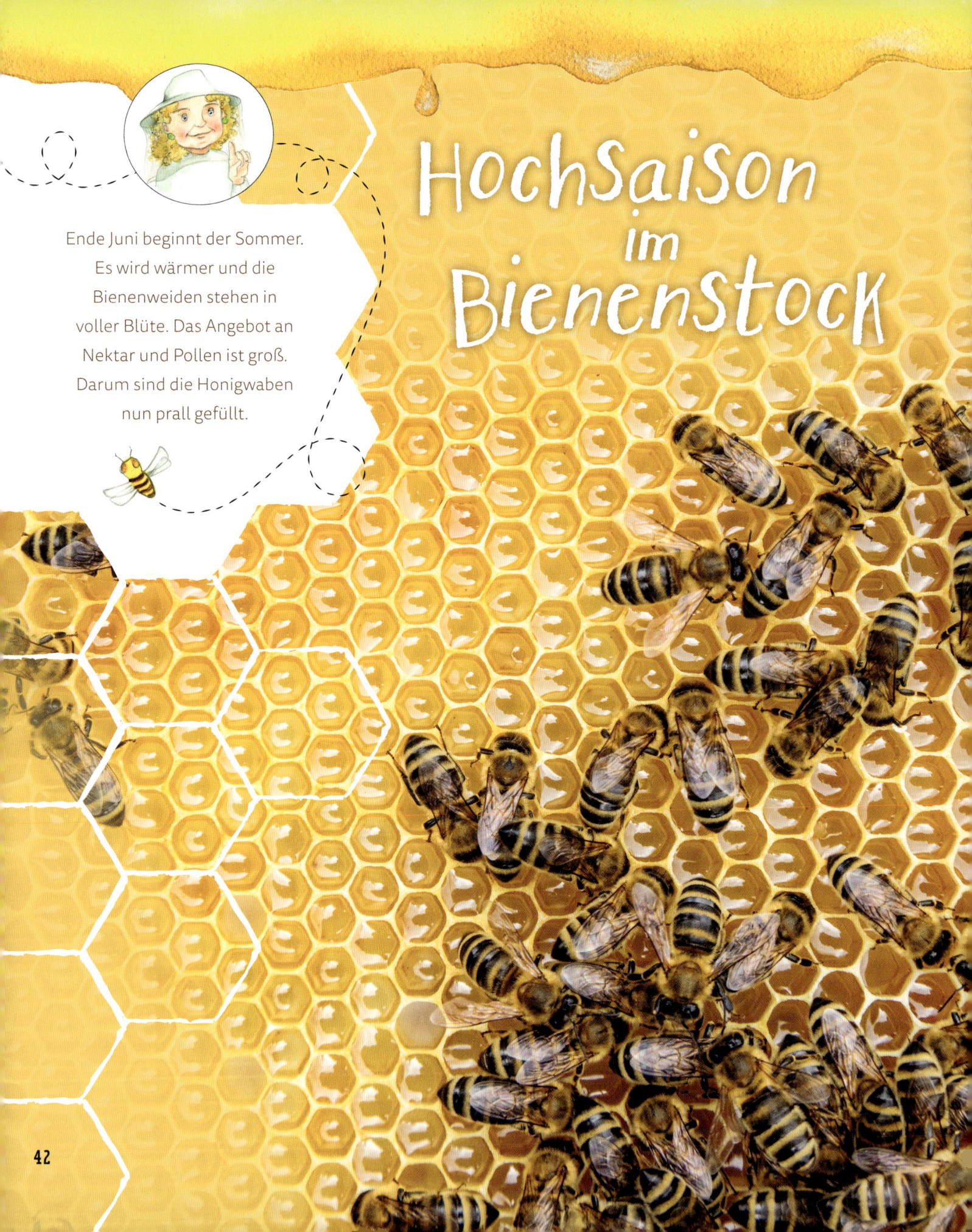

Hochsaison im Bienenstock

Ende Juni beginnt der Sommer. Es wird wärmer und die Bienenweiden stehen in voller Blüte. Das Angebot an Nektar und Pollen ist groß. Darum sind die Honigwaben nun prall gefüllt.

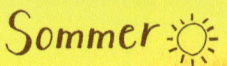

Langsam wird es zu eng

Es ist richtig viel los im Bienenstock. Täglich schlüpfen etliche neue Jungbienen aus ihren Brutzellen. Die Bienenfamilie wächst und wächst. So sehr, dass es eng geworden ist in der Beute: Jetzt ist das Bienenvolk, das auch Bienenstaat genannt wird, am größten. Es muss sich teilen und dann muss die eine Hälfte des Volkes ausziehen, um wieder Platz zu schaffen und sich weiter vermehren zu können. Das nennt man „Schwärmen".

Einblick in den Bien: Imker „zieht" Waben

Bienen wollen schwärmen

Die meisten Imker ernten mindestens zweimal im Jahr den Honig ihrer Bienen: Die Frühtracht im Mai oder Juni und die Sommertracht im Juli – sobald genug Honig reif ist. Das erkennen Imker an den verschlossenen Honigzellen. Was sie vom geernteten Honig nicht selbst essen können, verkaufen sie. Die Honigernte hat aber noch einen anderen Vorteil für die Imker: Ohne große Vorräte schwärmen Bienen nicht so schnell. Denn je mehr Vorräte ein Bienenvolk hat, desto stärker vermehrt es sich auch.

Und wenn es zu eng wird, muss das Volk schwärmen. Aber das ist von vielen Imkern nicht gewünscht, weil sie dadurch Bienen verlieren oder den Schwarm wieder einfangen müssen. Wenn man vorher aber den Bienen wieder genug Platz verschafft, verlieren sie einen Grund zu schwärmen. Darum holen viele Imker nicht nur Honig aus ihren Bienenvölkern heraus, sondern auch Bienen. Aus ihnen kann ein neues Volk entstehen. So kommen die Imker dem Schwarmtrieb zuvor.

Vorboten eines Schwarms

Der Schwarmtrieb ereignet sich gewöhnlich im Mai oder Juni. Die Baubienen bauen mehrere ganz besondere Wabenzellen, die sogenannten Weiselzellen. Diese sind nur für Königinnenlarven bestimmt. Warum aber beginnen die Arbeiterinnen mit dem Bau, obwohl es doch noch eine Königin im Stock gibt und dort niemals mehr als eine sein darf?

Bau einer Weiselzelle am Wabenrand

Ein neues Signal

Natürlich tun sie das nicht einfach so, sondern es gibt ein Signal. Der Duft der Königin, den sie ständig verströmt, um ihren Bienen zu sagen: „Ich bin da! Alles läuft nach Plan", lässt nach. Das Volk ist zu groß geworden und es gibt zu wenig Platz im Stock, um neue Brutzellen zu bauen. Das bemerkt die Königin, weil sie nicht so viele Zellen bestiften kann. Ihr schwächer werdender Duft ist also das Signal für die Baubienen, Weiselzellen zu bauen, um eine neue Königin heranzuzüchten. Denn ein Bienenschwarm zieht mit der alten Königin erst dann aus, wenn eine neue heranwächst. So wird die Fortpflanzung des Biens gesichert – Verdopplung durch Teilung.

Bienenschwarmtraube an einem Ast

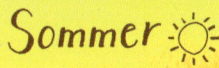

Nur ein starkes Volk kann sich teilen

Um sich zu teilen, muss die ausschwärmende Hälfte des Volkes stark genug sein, genauso wie das zurückbleibende Restvolk. Stark genug ist ein Bien, wenn er genug Brut, Ammenbienen, Flugbienen und Vorräte hat. Erst dann kann die Teilung des Biens verkraftet werden, mit der immer auch die Honigvorräte schrumpfen. Denn vor dem endgültigen Verlassen der Beute nimmt jede Biene des Schwarms so viel Honig mit, wie in ihre Honigblase passt. So schützt sich der Schwarm vor dem Verhungern, bis er möglichst bald eine neue Behausung gefunden hat, in der Vorräte angelegt werden können.

Der Schwarmtrieb hält den Imker auf Trab

Imker müssen die schwärmenden Bienen wieder einfangen und sich weiterhin um sie kümmern. Denn ohne Hilfe könnte der Schwarm heutzutage nicht überleben. Er ist nämlich sehr anfällig für Schädlinge und Krankheiten. Außerdem finden Bienen in der Natur kaum noch natürliche Nistmöglichkeiten wie Baumhöhlen.

Umzugshelfer: der Imker

Für den Imker ist es am besten, die Bienen rechtzeitig in eine neue Beute umzusiedeln. Dafür muss er aber erkennen, wann die Bienen ausschwärmen wollen. Das erste Anzeichen sind die Weiselzellen. Man kann sie gut unterscheiden, denn Königinnen sind größer als Arbeitsbienen. Also sind auch Weiselzellen größer als die anderen Brutzellen.

Schwarmzelle mit Larve

Zuerst wird gespielt

Nachschaffungszelle

Bevor aber fertige Weiselzellen gebaut werden, bauen die Bienen soge-nannte Spielzellen oder Spielnäpfchen. Sie sind rund und haben eine Öffnung, sehen also wirklich ein bisschen aus wie Näpfchen.

Nach dem Frühling entstehen diese Spielnäpfchen besonders am Rand der Brutwaben. Sie wirken erst mal nur wie eine Spielerei, weil sie leer bleiben und im Bienenvolk noch gar kein Schwarmtrieb vorhanden ist. Aber sie sind eine stille Vorbereitung auf das Schwärmen.

Sobald im Frühsommer der Bien in Schwarmstimmung kommt, bestiftet die Königin diese Spielnäpfchen. Und dann beginnen die Baubienen, diese Königinnenzellen auszubauen, also zu Weiselzellen zu verlängern. Greift kein Imker in diesen Prozess ein, werden nach acht Tagen die fertiggestellten Königinnenzellen „verdeckelt", das heißt mit Wachs verschlossen. Dann sind sich die Bienen sicher, dass bald eine neue Königin schlüpfen wird. Von diesem Moment an steht dem Schwärmen nichts mehr im Weg.

Wenn eine Königin stirbt oder wenn sie verletzt oder zu alt ist, gibt es keine neuen befruchteten Eier im Volk. Ohne befruchtete Eier fehlen neue Arbeiterinnen und ohne Arbeiterinnen muss ein Bien sterben. Für so einen Fall hat die Natur eine geniale Lösung: Die Arbeiterinnen bauen eine soge-nannte Nachschaffungszelle, indem sie eine Zelle mit Arbeiterinnenbrut zu einer Weiselzelle vergrößern.

In der Nachschaffungszelle muss sich also bereits ein befruchtetes Ei befinden, aus dem ursprünglich eine Arbeitsbiene entstehen sollte. Doch nun soll daraus eine neue Königin entstehen, weil das Volk eine braucht. Dafür muss die Zelle unbedingt innerhalb der ersten drei Tage nach der Eiablage umge-baut werden. Denn sonst bekommt die am vierten Tag schlüpfende Larve genauso wie Arbeitsbienenlarven nur noch das normale Futter aus Pollen-Honig-Brei von den Ammenbienen. Dagegen wird die Königinnenlarve einer nachgebauten Weiselzelle ununterbrochen mit Gelée royale gefüttert. So entwickelt sie sich zu einer neuen Königin.

Die Königin muss ausziehen

Allein die Stockmutter kann für das Überleben und das Wachsen des Biens sorgen. Aber es kann nur eine geben, nur eine einzige Königin pro Bienenvolk! Aus diesem Grund ist der Schwarmtrieb kaum mehr zu stoppen, wenn nach fünf Tagen starker Fütterung der Weisel-Larven ihre Zellen von den Baubienen verdeckelt werden. Dann beginnt die Verpuppung der Larven. Die alte Königin muss nun mit einem Schwarm ihr Zuhause verlassen, damit schon bald eine neue Königin ihre Aufgaben übernehmen kann.

Verdeckelte und noch offene Brutzellen.

Nachschaffungszellen auf einer Brutwabe

So lange dauert es, bis eine neue Königin schlüpft

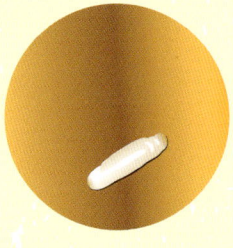

3 Tage als Ei

(bis daraus eine Larve schlüpft)

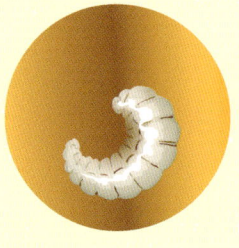

5 Tage als Larve

(bis die Brutzelle verdeckelt wird und die Verpuppung stattfindet)

8 Tage als Puppe

(aus der die erwachsene Weisel entsteht)

Zwei sind eine zu viel

Sollten sich zwei Königinnen im Volk begegnen, gibt es einen erbitterten Kampf, den nur die Siegerin überlebt. Aber warum werden dann mehrere Weiselzellen gebaut und bestiftet? Das geschieht zur Sicherheit, falls mal aus einer Königinnenbrut nichts wird.

Weiselzelle mit Arbeiterinnen

Nach 16 Tagen kann eine neue Königin schlüpfen. Mit diesem Merksatz wirst du es sicher nie mehr vergessen: **3,5,8 und die Königin ist gemacht!**

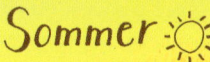

Sonnig, trocken, warm – los fliegt der Schwarm

Die alte Königin kann mit einem Teil des Volks nur bei gutem Wetter ausziehen!

Ist es zu kalt oder zu nass, verzögert sich der Auszug des Schwarms. Damit es nicht doch noch zu einem Kampf zwischen alter und neuer Königin kommt, hat die Natur auch hier vorgesorgt. Die Stockmutter und die ungeschlüpften Jungköniginnen, die auch Prinzessinnen heißen, verständigen sich.

Bevor die erste schlupfreife Prinzessin von innen ihre Brutzelle öffnet, lässt sie die Zellenwände mit schnellen Flugmuskelbewegungen vibrieren. So entsteht ein Ton, der wie ein Quaken klingt. Er bedeutet: „Kann ich schlüpfen?" Nimmt die Stockmutter diese Signale wahr, so antwortet sie auf ähnliche Weise: Sie versetzt den Wabenboden in leichte Schwingung und es klingt wie ein Tüten. Das heißt dann: „Warte noch! Ich bin bald weg." So weiß die nächste Königin, wann sie schlüpfen kann. Sobald sie dann geschlüpft ist, quakt sie nicht mehr, sondern beginnt nun zu tüten. So bleiben die ungeschlüpften anderen Prinzessinnen in ihren Brutzellen und die neue Königin kann sie dort durch einen Stich töten. So ist es im Bien, denn es darf nur eine Königin im Stock geben. Die frisch geschlüpfte Jungkönigin ist jetzt die neue Stockmutter.

Es ist möglich, dass nach dem Auszug des Bienenschwarms das alte Volk noch immer in Schwarmstimmung ist. Dann werden die quakenden Prinzessinnen von den Stockbienen vor der Jungkönigin geschützt. So lange, bis auch sie ausgezogen ist, also kein Tüten mehr erklingt. Nach dem Auszug dieses sogenannten Nachschwarms schlüpfen die restlichen Prinzessinnen. Sie müssen nun darum kämpfen, wer von ihnen die neue Stockmutter wird.

Ein Schwarmtrieb kann auch von vornherein erlöschen, wenn das Wetter schlecht bleibt oder die Trachtbedingungen nicht gut sind. Dann würde die alte Königin im Stock bleiben und alle ungeschlüpften Prinzessinnen töten. Es käme erst wieder zu einem Schwarmtrieb, nachdem neue Spielnäpfchen von ihr bestiftet wurden.

Der Schwarm fliegt los.

Der große Auszug

Es ist so weit: In der frühen Mittags- oder auch Vormittagszeit schwärmt die Königin mit tausenden Flug- und Jungbienen aus, um sich ein neues Zuhause zu suchen. Dafür hat sie in den letzten Tagen kräftig abgespeckt. Denn um leichter und flugfähiger zu werden, wurde sie seit dem Bestiften der Weiselzellen viel weniger von den Arbeitsbienen gefüttert. Wie eine dunkle, laut brummende Wolke verlässt ein Bienenschwarm seine Beute.

Dann sammelt sich der Schwarm ganz in der Nähe als sogenannte Schwarmtraube zum Beispiel an einem Ast. An diesem Sammelplatz bleiben die Bienen so lange, bis eine geeignete neue Behausung gefunden wurde.

Schwarmtraube an einem Ast

Dafür gibt es Kundschafterbienen, auch Spurbienen genannt. Während sie sonst die Umgebung nach Wasser, Nektar und anderem Futter absuchen, müssen sie jetzt möglichst schnell ein neues Zuhause für das Volk finden, und zwar im bekannten Trachtgebiet, aber weit genug weg vom Muttervolk.

Zum Glück gibt es Beuten vom Imker, in die heimatlose Bienen einziehen können. Dafür muss der Imker die Schwarmtraube einfangen, indem er die Bienen erst einmal mit Wasser besprüht. Wie bei einem Regen hören sie dadurch auf, umherzufliegen, und rücken enger zusammen.

Nun kann der Imker seine Schwarmfangkiste unter die Traube halten. Durch einen kräftigen Ruck am Ast plumpsen die Bienen fast alle hinein. Wenn sich der Imker sicher ist, auch die Königin eingefangen zu haben, stellt er die Kiste auf dem Boden ab. Hier verschließt er sie bis auf ein kleines Loch, durch das die restlichen Bienen zu ihrer Königin nachkrabbeln können. Ist der Schwarm in der Kiste, nimmt er diese mit nach Hause und stellt sie über Nacht in den Keller. Hier ist es dunkel, ruhig und kühl. Würde man die Bienen direkt in ihre neue Beute „einschlagen", wie der Imker sagt, könnte es passieren, dass der Schwarm gleich wieder auszieht. Im Keller schrumpft der Vorrat in den Honigblasen. Dadurch beginnen die Bienen in einer neuen Beute direkt mit dem Wabenbau, um hier neue Vorräte anlegen zu können.

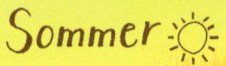

Die Suche

Sobald eine Spurbiene fündig geworden ist, fliegt sie zum Sammelplatz des Schwarms zurück. Dort führt sie einen Orientierungstanz auf, entweder den Rund- oder den Schwänzeltanz. An der Dauer und dem Muster des Tanzes können die anderen erkennen, in welcher ungefähren Richtung und Entfernung sich der Ort befindet, für den eine Spurbiene wirbt. Je länger und beharrlicher die Spurbiene tanzt, desto überzeugter ist sie von dem gefundenen Nistplatz. Ist sie nicht sicher, dann hört sie auf zu tanzen, sobald eine beeindruckendere Tänzerin auftaucht. So ist garantiert, dass der beste Ort gefunden wird, denn für den tanzen nach einiger Zeit die meisten Spurbienen.

Solange die Spurbienen eine neue Wohnung suchen, ist die Schwarmtraube ziemlich schutzlos vor Wettereinflüssen. Auch müssen die Bienen verhungern, wenn keine neue Wohnung gefunden wird. Der Vorrat in den Honigblasen reicht nämlich nur für etwa drei Tage.

Rundtanz und Schwänzeltanz

Befindet sich die neue Behausung oder Trachtquelle in der Nähe, führt die Spur- oder Sammelbiene den Rundtanz auf, bei dem sie immer im Kreis läuft – abwechselnd rechts- und linksherum. Bei weiter entfernten Futterplätzen tanzt sie den Schwänzeltanz (siehe Illustration). Sie tanzt ungefähr die Form einer 8: Den einen Kreis der 8 links herum, dann ab durch die Mitte bis zum Startpunkt zurück und zum Schluss rechts herum den anderen Kreis entlang. Auf dem Mittelstück wackelt die Biene mit dem Hinterteil: sie schwänzelt. Die anderen Bienen erkennen, dass die Biene fündig geworden ist. Tanzt sie in Richtung der Sonne, heißt das, dass die gefundene Trachtquelle oder Behausung irgendwo dort zu finden ist, woher die Sonnenstrahlen kommen, die Bienen sogar bei Bewölkung sehen können. Den Sonnenstand können sich Bienen sehr gut einprägen, ihnen macht es also nichts aus, dass es in der Beute dunkel ist. Mit ihren Antennen nehmen sie die Bewegungen der Tänzerin wahr: Durch die Dauer des Tanzes

bekommen sie einen Hinweis darauf, in welcher Richtung und Entfernung die neue Behausung oder Futterstelle ungefähr liegt, die die Tänzerin mit einem Duftstoff markiert hat. Auch spüren sie die elektrische Aufladung der Tänzerin: Je länger die tanzende Biene geflogen ist, desto mehr hat sich ihr Körper durch die Reibung mit der Luft aufgeladen. Geht es um neue Trachtquellen, haftet an der Tänzerin außerdem der Duft der zuvor besuchten Blüten. Wenn also andere Bienen losfliegen, um Ausschau nach dem Fundort zu halten, müssen sie zusätzlich ihrer Nase, also ihren Antennen, folgen.

Der neue Nistplatz

Jetzt wissen die Spurbienen, wo sie den Schwarm hinführen müssen, und fliegen zwischen ihrer Schwarmtraube und der neuen Behausung hin und her. Am neuen Ort „brausen" oder schwirren sie mit geöffneten Hinterleibsdrüsen um ihren Fund herum und verströmen einen speziellen Duftstoff. Mit diesem Brauseflug markieren sie für ihre Schwestern, wo sich ihre neue Wohnung befindet.

Es dauert nicht lange und andere Bienen folgen ihnen von der Oberfläche der Schwarmtraube – auch sie brausen, tanzen, fliegen hin und her. Es ist wichtig, dass alle wissen, wo es langgeht, bevor die Schwarmtraube losfliegt! Nur gemeinsam können sie den Weg sicher bewältigen und die Königin im Innern schützen.

Das Signal zum Aufbruch

Sobald genug Bienen um den Schwarm herumtanzen und für den neuen Wohnort werben, beginnen sie plötzlich auf der Schwarmtraube herumzulaufen und sich ins Innere zu wühlen. Dabei erzeugen sie mit ihren Flugmuskeln Pieplaute und verbreiten durch ihre Bewegungen auch Wärme. Und das ist das Signal! Diese Pieplaute „hören" die anderen Bienen mit ihren Antennen und nehmen die Bewegungen in der Traube mit ihren Beinen wahr. Wie ihre wühlenden Schwestern beginnen nun auch andere, ihre Körpertemperatur durch Bewegung zu erhöhen.

Es wird warm in der Schwarmtraube. Sobald die Temperatur etwa 35° Celsius erreicht hat, scheint die Bienentraube zu explodieren: Alle Tiere fliegen plötzlich in die Luft und bilden eine riesige Wolke. Jetzt düsen die Spurbienen immer ein Stück in Richtung der neuen Behausung und wieder zurück und weisen dem Schwarm so den Weg zum Ziel. Weitere Bienen folgen dieser Fluglinie und die Bienenwolke zieht sich länglich auseinander, bis kurz darauf alle Bienen den Spurbienen und ihren Duftmarkierungen folgen.

Bienenschwarm fliegt zu seiner neuen Behausung.

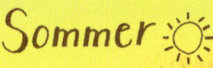

Einzug ins neue „Haus"

Das neue Zuhause ist erreicht. Jetzt muss jede Biene mithelfen – egal, welche Aufgabe sie vorher in der Gemeinschaft hatte. Denn die in den Honigblasen mitgebrachten Vorräte reichen nicht lange. Und es ist noch keine einzige Wabe im neuen Zuhause vorhanden.

Besonders den alten Sammelbienen kommt hier eine wichtige Rolle zu: Sie arbeiten jetzt wieder als Baubienen! Ihr Körper stellt wieder Wachs her! Viele der Bienen leben schon seit mehreren Wochen im Volk und müssen bald sterben. Denn eine sogenannte Sommerbiene kann ungefähr 35 Tage alt werden, dann ist ihr Körper von der ganzen Arbeit verbraucht.

Weil die alten Bienen bald sterben werden, müssen unbedingt junge Bienen nachwachsen, um das Volk zu erhalten. Für neuen Nachwuchs muss also das Brutnest im neuen Zuhause schleunigst fertig werden.

Nach beeindruckend kurzer Zeit ist es so weit und die Königin legt neue Eier. Nun werden ältere Sammelbienen wieder zu Ammen und der Kreislauf beginnt von vorne. Höchstens vier Wochen nach dem Umzug schlüpfen die ersten Jungbienen. Aus dem Bienenschwarm ist ein neues Bienenvolk geworden, aus einem alten Stock wurden zwei neue.

Eine Sommerbiene am Ende ihres Lebens, ihre Flügel sind abgenutzt: Sommerbienen nennt man all die Honigbienen, die zwischen Frühjahr und Spätsommer geboren werden.

Neues Zuhause in der Natur: ein hohler Baum

Ein Abschied?

Zwei Wochen später – es ist schon Lenis dritter Besuch bei Ari – stehen Leni und Opa vor Wiebkes Tür.

Wiebke ist noch im Morgenmantel, als sie die Tür öffnet. „Oh, ihr seid schon da!"

„'tschuldige", sagt Opa. „Leni konnte es kaum aushalten. Ich hoffe, wir stören dich nicht."

„Ach was, kommt doch herein!"

Während Leni und Opa zum Gartenhaus gehen, um sich die Imkeranzüge überzuziehen, schlürft Wiebke noch in Ruhe ihren dampfenden Kaffee zu Ende. „Ihr kennt euch ja aus, ich komme gleich nach."

Lenis Freundin hat sich sehr verändert, aber so wie sie immer aufgeregt von den Neuigkeiten im Stock berichtet, freut sie sich jedes Mal, wenn Leni kommt. Ein bisschen ist Leni neidisch auf Ari. Nun hatte sie schon so viele neue Berufe und ist schon richtig erwachsen. Wirklich wahr! Und Leni ist immer noch ein Kind und immer noch sieben! Ari war inzwischen schon eine Ammenbiene und eine Baubiene, und jetzt müsste sie sogar eine richtige Wächterbiene geworden sein. Das klingt echt gefährlich. Klar, Wiebke hat schon viel über Wächterbienen erzählt. Aber es ist etwas völlig anderes, wenn Leni von Ari erfährt, was sie alles erlebt hat.

„Aaaachtung! Links, zwo, drei, vier …" Hey! Da ist sie ja. Leni will Ari, die gerade mit einer Truppe Wächterbienen vor dem Flugloch patrouilliert, entgegenlaufen, doch drei megagroße Bienen kreuzen Lenis Weg. „Die habe ich hier ja noch nie gesehen", denkt sich Leni. „Ob das Königinnen sind?"

„Vorsicht, Leni. Das sind Hornissen!", ruft Opa. Vor lauter Schreck schlägt Leni heftig um sich. Die riesigen Brummer greifen an. Sie schwirren wie wild um Lenis Kopf herum und lassen sich im Sturzflug auf ihren Helm fallen. „Opa! Hilfe!", ruft Leni.

„Alarm!", ruft Ari ihren Schwestern zu. „Holt Hilfe!" Und obwohl Leni weiß, dass Hornissen im Normalfall harmlos sind, hat sie gerade richtig große Angst. Sie schreit noch immer: „Hilfe, Opa, Hilfe, Wiebke! Sie lassen mich nicht in Ruhe!"

„Attacke!", ruft Ari und dann kommt die Rettung. Auf Ari ist Verlass. Leni weiß nicht, wie viele es sind, aber es sieht aus, als seien Hunderte von Aris neuen Schwestern zu Hilfe geeilt. Mutig stürzen sie sich auf die Angreifer. Und dann kann Leni nichts mehr erkennen. Nur noch ein brummendes, summendes Knäuel in der Luft. Ihr wird schwindelig und sie spürt nur noch, wie sie rückwärts umkippt. In dem Moment sind schon Opas starke Arme zur Stelle und fangen Leni auf. Puh! Alles ist gut gegangen.

„Wow!", ruft Wiebke, die gerade im Imkeranzug dazugekommen ist. Die drei Hornissen sind besiegt. „Das sind meine Bienen!", sagt sie stolz. „Und meine", sagt Leni, die sich wieder etwas gefasst hat. „Sie ist wi… wirklich eine supertolle Wächterbiene geworden!"

Wiebke kann sich nicht erklären, wie die Bienen das geschafft haben. „So was habe ich noch nie gesehen. Die Bienen scheinen dich besonders schützen zu wollen, Leni!" Leni staunt. Ob das wahr ist? Sie möchte jetzt so gerne mit Ari sprechen.

Ari? Wo ist sie überhaupt? Sämtliche Wächterbienen haben sich zurückgezogen. Da taucht plötzlich eine einzige Biene wieder auf. Es ist Lenis Retterin! Die einzigartige Ari! Sie fliegt ein Stück weiter weg und setzt sich auf eine blaue Hibiskus-Blüte hinten an Wiebkes rot-weiß lackiertem Zaun. Leni folgt ihr so schnell sie mit dem Imkeranzug gehen kann. Endlich! Von hier aus können Opa und Wiebke sie nicht hören.

„Danke Ari, du bist eine echt gute Wächterbiene. Die Hornissen haben mir ganz schön Angst gemacht."

Bssss! Ari schlägt einen Purzelbaum in der Luft. „Das habe ich schon einmal erlebt. Aber da war ich noch ganz jung und ich habe nicht verstanden, was da passiert." Und dann erzählt Ari, dass sie es eigentlich den Hornissen zu verdanken haben, dass sie sich kennen. „Und heute haben sie dich angegriffen und ich konnte diesmal dir helfen. Genauso wie du damals mir geholfen hast."

Echte Freunde helfen sich eben und sind immer füreinander da. So wie Leni und Ari.

Leni muss lächeln. „Es ist bestimmt sehr aufregend, eine Wächterbiene zu sein, oder?"

„Oh, das ist es wirklich. Schließlich müssen wir unsere Schwestern und unsere Babys beschützen. Und nicht zu vergessen unsere Königin und unseren Honigvorrat!"

„Mmh, ihr macht aber auch den besten Honig, den ich je gegessen habe!"

„Du isst unseren Honig? Warum?"

„Na, weil er lecker ist", antwortet Leni etwas verwirrt.

„Aber … der ist doch für unsere Brut und für den Winter."

Und auf einmal hat Leni ein mulmiges Gefühl. Darüber hat sie sich nie Gedanken gemacht. Sie muss unbedingt Wiebke fragen, ob das okay ist, dass wir Menschen Honig essen.

Leni verspricht, sich zu informieren, und wechselt ganz schnell das Thema.

„Du, Ari, du bist immer hier. Als Ammenbiene, als Baubiene und nun als Wächterbiene. Hast du denn nicht auch mal Lust, herumzufliegen? So wie andere Bienen auch?"

Natürlich stellt Leni diese Frage nicht ganz uneigennützig. Morgens hofft sie oft, dass Ari noch mal vor ihrem Fenster auftaucht. Sie würde ihr gerne ihr Zimmer noch mal zeigen. Es hat sich nämlich einiges verändert. Lenis Zimmer ist jetzt immer aufgeräumt. Schließlich kann sie es nicht erwarten Woche für Woche zu ihrem Opa zu fahren und Ari zu besuchen. Deswegen räumt sie immer gleich alles weg. Sie findet es gar nicht mehr so schrecklich aufzuräumen. Und seitdem alles ordentlich ist, kann sie ihre Sachen viel schneller finden. Außerdem ist da noch eine Sache …, aber das bleibt erst mal ein Geheimnis zwischen ihren Eltern und ihr.

„Leni? Leni?"

Ups. Jetzt hat sie geträumt und Aris Antwort gar nicht mitbekommen. Und dann lässt das, was Ari sagt, Lenis Herz höherschlagen. „Also, von meinen älteren Schwestern weiß ich, dass ich bald vielleicht eine Sammelbiene sein werde. Ich glaube, dann kann ich überallhin fliegen und Nektar sammeln."

„Echt?"

„Ja, ich bin langsam zu alt, um eine Wächterbiene zu sein."

Leni muss schlucken. „Zu alt? Was meinst du?"

Aber eigentlich will Leni die Antwort gar nicht wissen. Es klingt irgendwie traurig. Genauso fühlt es sich an, wenn ihr Opa immer sagt, dass er zu alt für etwas sei. Zu alt zum Schaukeln und Rutschen, zum Fangenspielen oder für Videospiele.

„Ich glaube", sagt Ari leise, „dass es bald nicht mehr viel für mich zu tun gibt."

„Aber, aber dann, dann hast du doch Zeit und kannst bei mir leben!", sagt Leni.

Ari schweigt.

„Wer weiß", sagt sie dann. „Ich bin eine Sommerbiene, Leni. Das darfst du nicht vergessen. Und der Sommer ist bald vorbei. Aber vielleicht schaffe ich es ja, dich noch einmal zu besuchen."

„Ja, bitte, bitte!", bettelt Leni. Und als Ari nichts sagt, spricht Leni einfach weiter: „Ich kann doch mit eurer Königin sprechen. Sie lässt dich bestimmt mal weg. Bitte!"

„Oh, sie ist gerade viel zu beschäftigt, weil es vor Kurzem sehr eng geworden war bei uns im Stock ... Aber ich glaube, du solltest jetzt zu deinem Opa gehen, Leni!", sagt Ari und da erst bemerkt Leni, dass er auf sie zukommt.

„Redest du etwa mit einer Biene, Kind?"

„Öhöm. Nö, wieso?"

Opa beäugt die Hibiskus-Blüte, so als könnte er schwören, dass sich da eben eine Biene befunden hat. Aber Ari ist längst auf dem Rückflug zu ihrem gelben Bienenstock.

„Dann komm, wir müssen langsam zurück. Deine Eltern warten auf uns", sagt Opa. Lenis Füße folgen ihm widerwillig. Aber ihre Augen folgen Aris Schleifen in der Luft.

„Leb wohl, Leni!", ruft Ari. „Du wirst von mir hören. Das verspreche ich!"

Wie aus Prinzessinnen wahre Königinnen werden

Eine Hälfte des Bienenvolkes ist also davongeflogen. Doch was passiert nun im alten Bienenstock?

Eine neue Königin übernimmt

Sobald die erste Prinzessin aus ihrer Weiselzelle geschlüpft ist, macht sie sich auf die Suche nach weiteren Weiselzellen im Volk. Diese beißt sie seitlich auf, schiebt ihr Hinterteil hinein und ersticht ihre königlichen Geschwister. Jeder Bien kann nur eine Königin haben!

Prinzessin schlüpft aus einer Weiselzelle.

Endlich Königin? Noch nicht ganz!

Während zwar die alte Königin aus dem alten Bienenstock ausgezogen ist, wachsen dort ihre Larven noch weiter. Die neue Prinzessin kann nämlich noch nicht für Arbeitsbienennachwuchs sorgen: Sie kann keine befruchteten Eier legen. Dafür muss sie erst von Drohnen begattet werden. Es ist also Zeit für den sogenannten Hochzeitsflug. Alt genug dafür ist sie bereits mit ein bis eineinhalb Wochen. Bei gutem Wetter verlässt sie daher etwa sechs bis zehn Tage nach dem Schlüpfen den Bienenstock.

Sie fliegt zu einem Drohnensammelplatz. Währenddessen verbreitet sich ihr Königinnenduft, den die in der Luft kreisenden Drohnen schon früh wahrnehmen. Drohnen verfügen über ausgezeichnete Sinne. Ihre Augen und Antennen sind größer und leistungsstärker, damit sie die Jungkönigin während ihres Hochzeitsfluges schnell aufspüren können. Denn der Versuch, diese zu begatten, ist die einzige Lebensaufgabe der Drohnen.

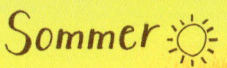

Der Hochzeitsflug

Während sich innerhalb eines Volkes Königin und Drohnen nicht füreinander interessieren, herrscht an Drohnensammelplätzen eine wuselige Paarungslaune und ein heftiges Wetteifern. Nur die schnellsten und fähigsten Drohnen schaffen es, eine Königin zu begatten.

Bei dieser Paarung müssen die Drohnen sterben, weil sie den größten Teil ihres Blutes dafür benötigen, die Königin zu begatten. Danach bleibt ihnen nicht genug zum Überleben. Das ist aber nicht schlimm, denn sie haben ihre Aufgabe für den Bien voll und ganz erfüllt.

Die Königin paart sich in mehreren Metern Höhe mit bis zu zwanzig Drohnen – so lange, bis ihre Samenblase gefüllt ist. Diese Durchmischung von Samen erhöht die Widerstandskraft der zukünftigen Bienen und damit auch die Widerstandskraft des ganzen Volkes.

Den beim Hochzeitsflug gesammelten Samenvorrat nutzt die Königin ihr Leben lang. Nach geglückter Begattung fliegt sie nach Hause, um ihren Bien Jahr für Jahr wachsen zu lassen.

Drohnen paaren sich mit der Königin im Flug!

Der Hochzeitsort

Bis zu 20.000 Drohnen kommen aus mehreren Völkern an einem Drohnensammelplatz zusammen. Dieser bleibt jahrelang bestehen, und das, obwohl sich die Tiere daran nicht erinnern können. Denn es sind Jahr für Jahr neue Drohnen. Noch weiß niemand, woher Königinnen und Drohnen überhaupt „wissen", wo ihr Treffpunkt ist. Vermutlich gibt es etwas, das sie dorthin leitet. Das könnten bestimmte Merkmale in der Landschaft sein oder Duftstoffe oder das Magnetfeld der Erde.

Bienenköpfe im Vergleich:
Die Drohnenaugen sind viel größer

Das Eierlegen

Zurück im Stock kann die junge Königin also mit dem Eierlegen beginnen. Dazu muss sie die Brutzellen mit ihren Antennen ausmessen. Handelt es sich um eine Standard-Brutzelle, so ist sie für eine Arbeitsbiene vorgesehen. Kurz bevor die Königin ein Ei hineinlegt, befruchtet sie es deshalb mit Samen aus ihrer Spermathek.

Hat die Königin aber eine etwas größere Brutzelle vor sich, handelt es sich um eine Drohnenbrutzelle. Dann ist bei der Eiablage die Spermathek geschlossen und das gelegte Ei bleibt unbefruchtet – ein Drohn kann entstehen. Drohnen haben also keinen Vater!

Die Bienenkönigin (mit weißem Punkt markiert) legt ein Ei in eine Brutzelle.

(markierte) Königin   Drohn   Arbeiterin

Schlüpfender Drohn

Nach 24 Tagen schlüpfen Drohnen aus ihren Brutzellen. Demgegenüber brauchen Arbeitsbienen nur 21 und Königinnen nicht mehr als 16 Tage.

Warmes Nest

Jede Bienenbrut braucht ein gleichbleibend warmes Brutnest. In einem Bienenstock ist es im Sommer etwa 35° Celsius warm – ungefähr so wie das Wasser in deiner Badewanne. Doch im Sommer gibt es mal heißere und mal kühlere Tage.

An heißen Tagen erzeugen die Bienen einen Luftstrom, indem die warme Luft hinausgefächelt wird. Sie müssen dafür heftig mit ihren Flügeln schlagen. Durch diesen Luftstrom verdunstet das von den Sammelbienen herbeigeschaffte Wasser, das wie der Schweiß auf unserer Haut zu einer Kühlung im Stock führt.

Die Bienen haben aber noch einen Trick auf Lager: Viele von ihnen verlassen den Stock, um dem Luftstrom im Innern mehr Platz zu machen und drinnen mit ihren Körpern keine unnötige Wärme zu erzeugen. Draußen vor dem Flugloch sammeln sich die Bienen dann und bilden dort einen sogenannten Bienenbart.

Wie ein langer Bart hängen die Bienen am Stock, um im Inneren Platz für Luft und Kühlung zu machen.

61

Damit das Brutnest aber auch nicht zu kalt wird, krabbeln spezielle Heizerbienen in freie Zellen. Dort erzeugen sie durch heftiges Zittern ihrer Flugmuskeln Wärme für den umliegenden Nachwuchs. Damit sie dabei nicht abheben, können sie dafür ihre Flügel ausklinken. Diese Arbeit ist für sie äußerst anstrengend: Nach spätestens einer halben Stunde können sie sich vor Erschöpfung kaum noch bewegen. Sie brauchen dann dringend etwas zu fressen. Doch der neben dem Brutnest liegende Futterkranz aus unreifem Honig ist für sie unerreichbar – sie sind vom Heizen zu erschöpft.

Kein Problem für den Bien: Sogenannte Tankerbienen holen ständig Honig für die Heizerbienen und füttern sie damit, sodass sie sofort weiterheizen können.

Neben Putz-, Ammen-, Bau-, Wächter- und Flugbienen kann man die Heizer- und Tankerbienen als weitere Berufsgruppen der Arbeiterinnen im Bienenvolk bezeichnen.

Eine Brutwabe

Tankerbiene füttert Heizerbiene.

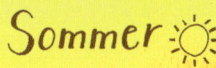

Die Bienenmänner bleiben nicht lange

Drohnen übernehmen keine der Aufgaben von Arbeiterinnen, auch wenn sie mit ihren Körpern ebenfalls den Stock warmhalten und für den Zusammenhalt des Bien wichtig sind. Es gibt sie nur während der Schwarmzeit vom späten Frühjahr bis zum Hochsommer. Dann leben im Stock ungefähr 500 bis 1.000 Drohnen.

Nach dem Hochzeitsflug haben die Drohnen ihre Aufgabe erfüllt. Bis dahin hatten sie sich für die Begattung bereitgehalten. Doch dann werden sie nicht mehr gebraucht, es folgt die Drohnenschlacht: Hierbei lassen die Arbeiterinnen die Drohnen entweder verhungern und werfen sie anschließend hinaus. Oder aber sie lassen die heimkehrenden Drohnen einfach nicht mehr in den Stock hinein. So oder so sterben die Drohnen an Schwäche. Manchmal helfen die Arbeiterinnen mit ihrem Stachel nach. Auch wenn das brutal klingt, kann der Bien nur so überleben. Ab dem Zeitpunkt wird der Bienenstock also wieder zur Frauensache.

Ein Drohn wird von Arbeiterinnen abgedrängt.

Ein Drohn liegt tot am Boden.

Neue Geschwister

Heute ist der große Aufräumtag. Vor Lenis Zimmertür stapeln sich große blaue Müllsäcke. Sie muss immer wieder ihren Papa rufen, damit er hilft, welche wegzuräumen. Sonst kann niemand mehr hinein und hinaus. So voll ist es inzwischen in Lenis Zimmer geworden. Und das, obwohl sie immer fleißig aufräumt. Aber was zu viel ist, ist zu viel. So viel Spielzeug braucht doch kein Mensch!

Einen Teil wollen ihre Eltern aufheben. Einen anderen Teil will Leni auf dem Flohmarkt verkaufen und das Geld für eine Bienenrettungsstiftung spenden. Imkerin Wiebke sagt, sie kennt eine Adresse, wo das Geld gut aufgehoben ist.

„Bist du dir sicher?", fragt Papa immer wieder, wenn er sich eine Tüte greift und sicherheitshalber noch einmal einen Blick hineinwirft, bevor er sie in den Keller schleppt. Mutig und selbstsicher nickt Leni jedes Mal, auch wenn sie manchmal seufzen muss. Schließlich ist sie ja auch ein wenig größer geworden und nun schon fast eine Drittklässlerin.

„Was? Dein Plüschkoala auch?"

Oh nein! Schluck.

„Ähhh, also ..." Wie ist der denn da hineingekommen? Leni kann sich gar nicht mehr erinnern. Okay, den gibt sie niemals weg. Leni packt ihn an der Koala-Nase, Aris erstem Landeplatz in ihrem Zimmer, und zieht ihn heraus. Als sie ihn wieder auf das Regal setzen will, ist ihre Mama schon über die Säcke in ihr Zimmer geklettert. Sie will wieder mit Leni reden.

„Bitte schließe das Fenster, Leni! Es ist nicht mehr so warm. Der Sommer ist so gut wie vorüber. Du erkältest dich noch." Leni will das gar nicht hören. Der Sommer darf nicht vorüber sein. Noch immer lässt sie das Fenster gekippt, in der Hoffnung, dass eines Morgens Ari wieder vor ihrer Fensterscheibe summt. Aber ihre Mama ist in letzter Zeit sehr empfindlich und friert ständig.

Und dann sehen sich ihre Eltern an und Mama streicht sich über den Bauch. „Weißt du, Leni. Es ist wirklich lieb von dir, dass du Platz in deinem Zimmer machen willst. Aber wir finden, dein Brüderchen sollte ein eigenes Zimmer bekommen. Außerdem kannst du nicht lernen oder Hausaufgaben machen, wenn du einen weinenden Säugling im Zimmer hast."

„Aber das macht mir nichts!", ruft Leni. „Wirklich. Und ... und ich möchte hier nicht wegziehen!" Leni ist sauer. SO SAUER! Sie verschränkt ihre Arme und schmollt. Seit ihre Eltern diese dumme Idee haben, ist sie untröstlich. Sie glauben ihr wohl nicht, dass sie sich um das Baby kümmern kann. Deswegen haben sie es wahrscheinlich auch so lange vor ihr geheim gehalten. Dabei freut sie sich sehr darauf. Endlich hat sie auch bald ein Geschwisterchen. Genauso wie Anna, all ihre Klassenkameraden – und Ari. Und außerdem: Wenn sie umziehen, wird Ari sie nie besuchen können, weil sie nicht zu ihr findet. Dabei soll sie doch sehen, wie ordentlich es jetzt in ihrem Zimmer aussieht, wie fleißig sie ist und dass sie sich auch gut um ihren Bruder kümmern kann.

Und dann kommt noch hinzu, dass Mama auf einmal nicht mehr am Wochenende zu Opa fahren will, weil ihr im Auto noch viel schlechter wird, als ihr ohnehin schon wegen der Schwangerschaft ist. Und Papa will Mama nicht so lange alleine lassen. Leni hat ihre Freundin schon ewig nicht mehr gesehen. Dabei wüsste sie so gerne, ob sie jetzt eine Sammlerin ist oder was sie sonst für neue Aufgaben hat. Wiebke hat ihr zwar schon ein paar Mal Fotos geschickt, aber Leni ist sich sicher, dass das keine Bilder von Ari waren. Wie soll Wiebke Ari auch unter all den Bienen erkennen, wenn sie nicht mit ihr reden kann?

Als ihre Eltern Lenis Zimmer verlassen haben, geht Leni leise an ihr Fenster und öffnet es wieder. Die Eulenvorhänge flattern ganz schön. Es ist auch wirklich kühler geworden. Da hat ihre Mutter schon recht. Leni geht in ihr Bett und kuschelt sich unter die Decke. Kann sein, dass es gleich ein Gewitter gibt. Aber was war das? Ganz sicher kein Donner. Und auch kein Regenprasseln. Bssss. Ist sie etwa eingenickt und träumt? Bssss! „Leni! Bist du Leni?"

Oh mein Gott!

„Ja, ich, ich bin Leni, aber wer bist du? Und woher kennst du mich?"

„Uuuuh! Ich hätte mich beinahe verflogen. Aber nur, weil es so windig ist. Ari hat mir den Weg so genau vorgetanzt. Sie war sich nicht sicher, weil sie in einer Schachtel war damals, aber …"

Ari?

„Hast du Ari gesagt? Wo ist sie? Wie geht es ihr?"

„Sie hat mich zu dir geschickt. Sie hat so viel Gutes von dir erzählt. Ach, wären doch bloß alle Menschen so wie du."

Die Biene scheint noch jung zu sein. Nicht ganz so jung wie Ari damals, aber jünger, als sie jetzt ist, auf jeden Fall. Leni springt auf und flitzt zum Fenster. Es ist ganz schön frisch. Ohne Jacke klappern ihre Zähne. Vielleicht ist es auch die Aufregung? Vorsichtig öffnet sie das Fenster ganz und lässt die fremde Biene hereinfliegen. Es ist seltsam, aber genauso wie Ari damals landet sie auf der Koala-Nase. Zum Glück habe ich ihn nicht weggegeben, denkt Leni.

„Und …" Leni traut sich kaum zu fragen. „Und warum ist Ari nicht selbst gekommen?" Die fremde Biene hebt ab und fliegt ein paarmal hin und her. Zick Zack.

„Ari, meine Schwester, sie war eine Sommerbiene und der Sommer ist bald vorbei."

Leni bibbert am ganzen Körper. Langsam geht sie zu ihrem Bett und zieht sich die Decke über ihren Kopf. Sie kann gar nichts dagegen tun, dass sie jetzt furchtbar schluchzen muss. Irgendwie hat Leni es die ganze Zeit schon gewusst. Oh, Ari! Wiebke hatte ihr ja auch über die Lebensdauer von Sommerbienen erzählt. Aber Leni hatte gehofft, dass Ari vielleicht anders wäre. Nach einer Weile merkt sie, dass die junge Biene immer noch zu ihr spricht.

„Leni?"

„Ja?"

„Ich muss wieder zurück und helfen, unsere Vorratskammern für den Winter zu füllen."

Leni taucht wieder unter ihrer Decke hervor und wischt sich die Tränen mit dem Handrücken ab. „Okay."

„Ari wäre zu gerne selbst gekommen, aber ihre Flügel waren zu schwach. Sie hat sich immer um mich gekümmert. Sie war eine so liebe Schwester. Und sie hat immer gesagt, dass du bestimmt auch eine gute Schwester sein wirst. Ari war eine tolle Sommerbiene und hat viel für unsere Familie geschafft. Wie alle Sommerbienen!"

Als Aris Schwester weg ist, schließt Leni das Fenster und schaut ihr eine Weile hinterher. Dann nimmt sie die Schachtel, in der sie Ari damals zu Wiebke transportiert hatte, und öffnet sie. Die Pappe saugt Lenis Tränen schnell auf und wird immer dunkler.

Der Sommer ist vorbei, die Tage werden wieder kürzer und kühler. Der Bien hat sich geteilt und jedes Volk muss sich nun auf den Winter vorbereiten. Da gibt es einiges zu tun!

Und schon wieder Frauensache

Frauensache

Im Herbst leben nur noch Bienen-
weibchen in jedem Volk: die Königin
und die Arbeiterinnen. Für sie alle
hat vor Kurzem die Zeit der Winter-
vorbereitung begonnen, mit der
in jedem Stock das eigentliche
Bienenjahr beginnt. Ob Schwarm
oder Muttervolk, alle müssen nach
dem Sommer auf ihre Weise neu
beginnen.

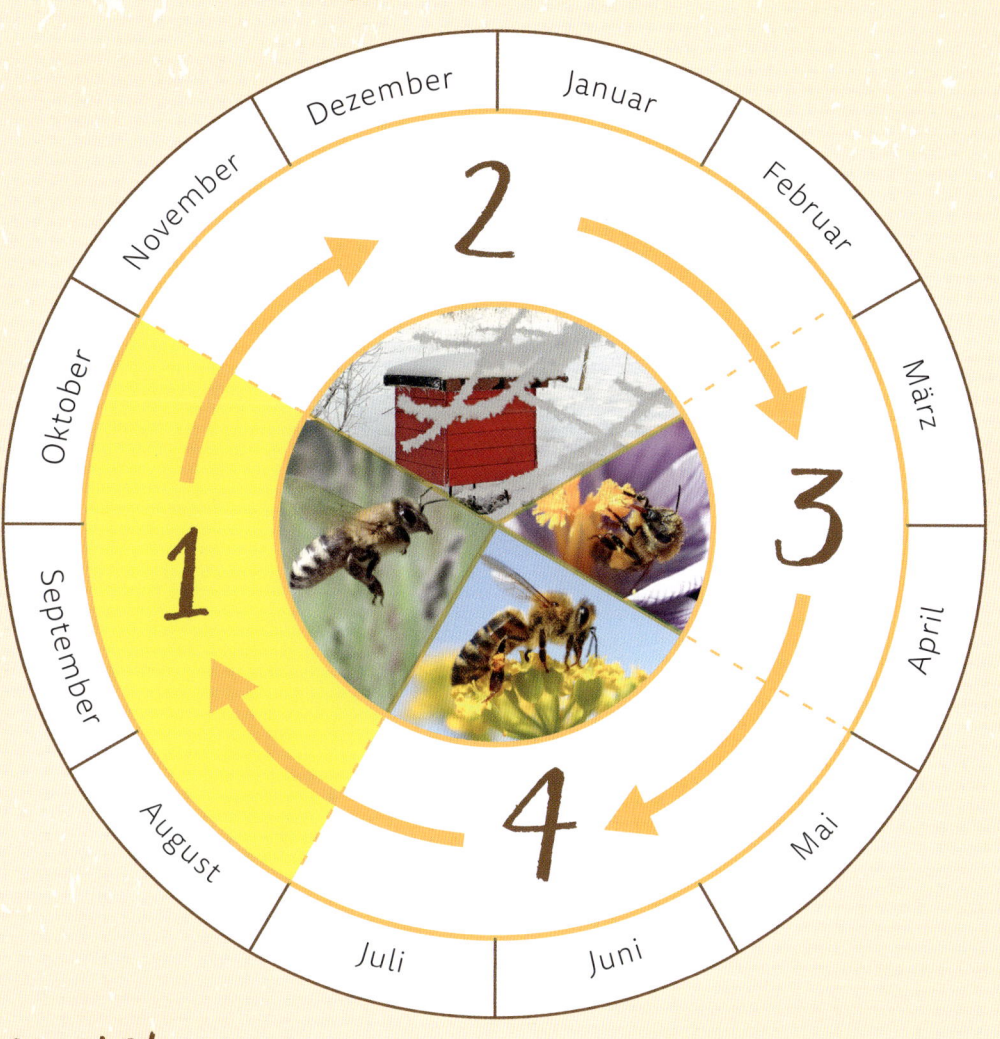

> Das Bienenjahr
> beginnt im Herbst mit
> den Vorbereitungen
> für den Winter.

Neue Bienen auch im Herbst

Auch jetzt im Herbst schlüpfen noch Bienen, die sogenannten Winterbienen.
Äußerlich kann man sie nicht von den Sommerbienen unterscheiden. Sie werden
jedoch sieben bis acht Monate alt, um Königin und Volk im Winter zu wärmen
und im nächsten Frühling die dann dringend benötigte Tracht zu sammeln.
Doch obwohl es im Herbst noch Brut im Bienenstock gibt, ist das Brutnest seit
dem Spätsommer wesentlich kleiner geworden, denn die Königin legt seitdem
immer weniger Eier.

Wenn schließlich die Herbsttage frostig kalt werden und den nahenden Winter
ankündigen, hört die Königin auf, Eier zu legen. Dann gibt es im Bienenstock etwa
bis zur Mitte des nächsten Februars wegen der Kälte weder Brutnest noch Brut.
Eine gefährliche Zeit beginnt für den Bien. Sollte nämlich die Königin sterben, wäre
das gesamte Volk verloren. Es müsste aussterben.

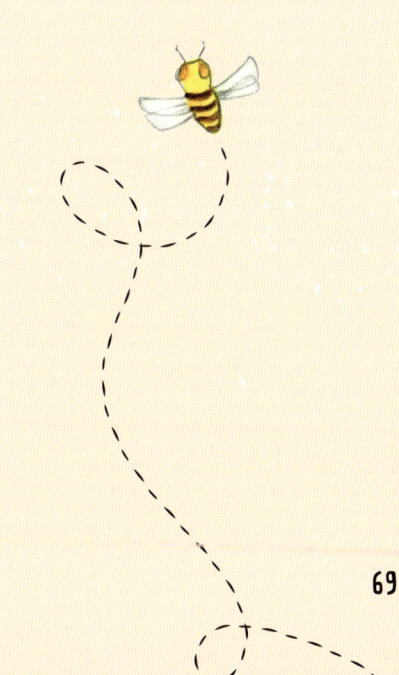

Ohne Bienen kein Leben

„Hör auf, sie tut dir doch nichts!"

Der Junge auf dem Schulhof schlägt wie wild um sich. Leni schätzt, dass er in die dritte oder vierte Klasse geht. Sie kann das nicht mehr mit ansehen. „Aaaah, hau ab, du blöde Biene!" Jetzt trampelt er herum, so als wolle er die Biene zertreten. „Hoffentlich erwischt er sie nicht", denkt Leni.

Leni und Anna rennen zu dem Jungen hin.

„Lass sie in Ruhe!"

„Sie soll mich in Ruhe lassen! Was geht euch das überhaupt an?"

Leni nimmt dem Jungen die Limoflasche aus der Hand und stellt sie ein paar Meter weiter weg auf den Boden. Sie bewegt sich ganz ruhig, völlig ohne Angst.

„Sie sucht doch nur nach Nahrung für den Winter. Für ihre Geschwister."

„Woher willst du denn das so genau wissen, he?"

Leni zeigt auf die Biene, die sich auf den Flaschenrand gesetzt hat und den süßen Saft trinkt. Gerade will sie ihm antworten, da kommt Anna mit der Pausenaufsicht zurück. Zum Glück ist es heute Frau Krause, die Klassenlehrerin von Leni und Anna.

„Was ist hier los?"

„Er wollte die Biene töten", sagt Anna.

„Wollte ich nicht", sagt der Junge.

„Doch, wolltest du!" Leni zeigt auf die Biene, die gerade wegfliegt. „Dabei wollte sie doch nur etwas trinken. Jetzt im Herbst blühen nicht mehr so viele Blumen, aber ein Bienenvolk muss schließlich den Winter überleben und das ist gar nicht leicht. Weißt du überhaupt, wie sehr sich Bienen um ihre Geschwister kümmern?"

„Hm." Frau Krause lächelt. „Woher weißt du so viel über Bienen?"

Und weil gerade die Schulglocke läutet, erzählt Leni ihrer Lehrerin auf dem Weg ins Klassenzimmer von ihrem Opa und seiner Imkerfreundin Wiebke. Und sie berichtet auch von ihrem Sommer bei Wiebkes vielen Bienenstöcken und davon, was sie alles gelernt hat.

„Interessant", sagt Frau Krause. „Vielleicht können wir ja die Imkerin mal zu uns in die Schule einladen?"

Als Leni das hört, macht ihr Herz Freudensprünge. Hurra! „Ja! Das macht sie sicher. Super Idee! Wiebke kommt bestimmt gerne hierher!"

Zu Hause kann es Leni kaum erwarten, ihren Opa anzurufen. Sie möchte es erst mit ihm besprechen. Vielleicht kommt er ja sogar mit? Das wäre so schön. Leni hat ihren Opa schon so lange nicht mehr gesehen. Und weil sie deswegen auch Wiebke nicht mehr besuchen kann, schickt Opas Freundin Leni immer wieder Fotos von irgendwelchen Bienen. Sie denkt wohl, dass Leni die Bienen sowieso nicht auseinanderhalten kann und gar nicht weiß, dass Ari längst nicht mehr da ist. Wahrscheinlich könnte Leni sie normalerweise auch nicht auseinanderhalten. Aber woher soll Wiebke wissen, was Leni weiß?

„Opa! Du weißt ja gar nicht, was passiert ist!"

„Du wirst es mir verraten, Kind, oder?"

Und dann erzählt Leni völlig aufgeregt davon, wie wenig manche Schüler in ihrer Schule über Bienen wissen.

„Oh, da muss man aber etwas dagegen tun."

Lenis Opa verspricht mit Wiebke zu reden. Sie schmieden gemeinsam Pläne, als Leni ihn darum bittet, mitzukommen. Opa druckst herum, aber am Ende lässt er sich überreden.

Und dann geht alles ziemlich schnell. Alles ist in kurzer Zeit organisiert. Leni kann den großen Tag kaum erwarten. Frau Krause hat darauf bestanden, dass Leni der Imkerin Wiebke assistiert und vor der ganzen Schule einen Vortrag hält.

Wiebke übernimmt den Teil über das Leben der Bienen und sie beschreibt auch, wie der Tag einer Imkerin aussieht. Dann berichtet Leni darüber, warum die Bienen wichtig für uns und die Umwelt sind und warum man sie schützen muss. Beim Reden fällt ihr Blick in einem Moment auf den Jungen vom Schulhof. „Wenn es keine Bienen mehr gibt, dann wird es bald auch keine Menschen mehr geben." Sie schaut ihm bei diesem Satz direkt in die Augen. Selbst von der Bühne aus kann Leni sehen, wie der Junge rot wird. Hoffentlich hat er es kapiert!, denkt sich Leni. Schließlich erzählt sie, wie man sich am besten verhalten muss, wenn man mit Bienen, Wespen oder Hornissen konfrontiert wird. Opa zieht es vor, Bilder und Plakate zu zeigen, weil er immer schon Lampenfieber bei Auftritten hatte. Darunter sind auch Fotos von Leni und ihrem Opa, auf denen sie die Imkeranzüge tragen. Als die Kinder das sehen, lachen einige los. Aber Leni lässt sich nicht beirren. Stattdessen erzählt sie, warum der Anzug wichtig ist. Und am Ende hat ihr Opa dann doch einen Satz zu sagen, den er immer wieder geübt hat. Leni musste ihn lange dafür überreden: „Öhöm! Also meine Enkelin hatte neulich eine großartige Idee. Willst du sie deinen Schulkameraden vorstellen, Leni?"

Das war's. Mehr sagt er nicht. Dafür ist er aber ziemlich rot geworden. „Ja, also", sagt Leni und legt ihren Plüschkoalabären auf das Rednerpult. „Ich habe neulich Platz in meinem Zimmer gemacht. Ich hatte viel zu viele Spielsachen, die ich verkaufen und für die Rettung der Bienen spenden wollte. Wenn ihr wollt, könnt ihr alle mitmachen und dann spenden wir gemeinsam."

Plötzlich bricht ein tosender Applaus los. Alle sind begeistert und vor allem wollen alle Schüler mitmachen. Juchhu! Leni ist so glücklich, dass sie und Anna sich umarmen und erst einmal eine Runde auf der Stelle hüpfen müssen.

„Beschlossene Sache", sagt die Rektorin. „Beim nächsten Schulfest machen wir einen riesigen Flohmarkt hier auf dem Schulhof."

Und dann tippt Opa seiner Freundin auf die Schulter.

„Oh ja, das hätte ich beinahe vergessen!" Die Imkerin stellt sich noch einmal vor das Mikrofon und klopft drei Mal drauf. Und auf einmal sind alle Augen auf sie gerichtet. Es wird mucksmäuschenstill.

„Ich wollte noch etwas loswerden: Ja, also, wenn ihr Lust habt, seid ihr alle herzlich eingeladen, meine Imkerei zu besuchen. Leni und ich machen gerne eine Führung. So könnt ihr alles noch mal mit eigenen Augen sehen und alles selbst erleben." Natürlich haben alle Lust!

Zu Hause haben Lenis Eltern eine Überraschung vorbereitet. Hurra! Es gibt einen riesigen Honigkuchen, der aussieht wie eine sechseckige Honigwabenzelle, und große Portionen Bienenstich. Überall hängen selbst gebastelte Bienenmobiles an den Decken. Und ein paar gelbe Luftballons wurden wie Bienen bemalt und mit Papierflügeln beklebt. Nicht nur Wiebke, auch Anna und ihre ganze Familie sind eingeladen. Klar, dass Leni hier weitergefeiert wird.

„Das hast du so toll gemacht!"

„Leni, unsere Bienenkönigin!"

„Hoch lebe Leni!"

Leni ist tatsächlich ein bisschen stolz auf sich selbst. Und sie staunt, dass man mit ein wenig Aufwand so viel erreichen kann.

Aber eigentlich, denkt sie, eigentlich wäre ich nie darauf gekommen, wenn ich Ari nicht kennengelernt hätte. Für Leni ist Ari die eigentliche Heldin. Plötzlich spürt sie einen Stich im Herzen. Und gerade jetzt merkt sie, wie sehr Ari ihr fehlt. Leni schleicht sich in ihr Zimmer. Sie muss einen Augenblick allein sein. Sie schaut lange aus ihrem Fenster. Die Sonne geht schon unter und taucht die ganze Umgebung, selbst Lenis Zimmer, in ein goldgelbes Licht. Das geht in dieser Jahreszeit immer schneller. Vielleicht trifft sie bei dem Schulausflug zu Wiebke ja auf Aris Schwester? Sie ist schließlich die Einzige, mit der sie sich über Ari unterhalten kann.

Der Winter steht kurz vor der Tür: Die Arbeiten des Jahres in den Bienenvölkern neigen sich dem Ende zu.

Volle Vorratskammern

Das Bienenbrot

Als Vorbereitung auf den Winter sammeln die Flugbienen die letzten Honigtau-, Nektar- und Pollenreste des Jahres und liefern sie wie immer im Stock ab. Pollensammlerinnen lagern ihre Tracht rund um das Brutnest für die Ammenbienen und die Aufzucht der Larven ein. Wird der Pollen nicht innerhalb der nächsten Stunden gefressen, muss er haltbar gemacht werden. Hierfür vermischen ihn die Stockbienen mit Honig, Speichel und Drüsensekreten und stampfen ihn mit dem Kopf fest. Abschließend überziehen sie die Vorratszellen mit einer dünnen Schicht Propolis, um das Pollengemisch vor Bakterien und Pilzen zu schützen. In den Vorratswabenzellen entsteht ein Gärungsprozess, der die Bienennahrung mehrere Wochen haltbar und verdaulicher macht: Fertig ist das sogenannte Pollen- oder Bienenbrot.

Bienenbrot

Soziales Füttern

Das Futternetzwerk

Im Gegensatz zu dem gesammelten Pollen müssen die Bienen Honigtau und Nektar hinunterschlucken, um sie zum Stock transportieren zu können. Für die Übergabe der Tracht spielen die Antennen der Bienen eine wichtige Rolle: Mit ihnen berühren die Stockbienen die heimkehrenden Sammelbienen. Das heißt so viel wie: „Bitte, bitte, gib mir was ab!" Also würgt die Sammlerin einen Nektar- oder Honigtautropfen hervor. Diesen bietet sie dann mit ihren Mundwerkzeugen der bettelnden Biene an, die ihn nur abzulecken braucht. Diesen Vorgang, der auch ständig von Stockbiene zu Stockbiene stattfindet, nennt man „soziales Füttern".

Das soziale Füttern soll nicht nur den Hunger der Stockbienen stillen, die ja auch vom Vorrat fressen können. Vielmehr sind die vielen, vielen Honigblasen der Stockbienen so etwas wie der große Magen des Biens. Über diesen gemeinsamen Magen „sprechen" die Tiere miteinander. So erfährt der Bien regelmäßig etwas über die Königin, weil ihr Duft im gesamten Stock ständig von Biene zu Biene verteilt wird. Und andererseits erfahren die Stockbienen, wie süß und energiereich der gesammelte Nektar ist und was genau mitgebracht wird. Wenn die Sammelbienen viel Nektar in den Stock eintragen, aber zu wenig Wasser, dann merkt das der Bien über den „gemeinsamen Magen". Deshalb nehmen daraufhin die Stockbienen den Nektar der Sammelbienen zögerlicher an als das plötzlich heißbegehrte Wasser der Wassersammelbienen. Das bewirkt bei den Nektarsammlerinnen, dass sie nun erst mal Wasser sammeln. Ist es sehr heiß und wird viel Wasser sehr schnell benötigt, dann werden dringend mehr Flugbienen als Stockbienen gebraucht. Hier hat die Natur wieder einen Trick: Auch schon jüngere Arbeitsbienen können nun zu Sammlerinnen werden.

Futtern, füttern, Vorräte lagern

Für Nektar und Honigtau gibt es im Bien drei verschiedene Verwendungsmöglichkeiten:

Zwei Bienen lagern Nektar ein für den Winter.

1.

Nahrung:

Die Sammelbienen füllen damit ihre Honigblasen, die nichts anderes als innere Transportbehälter oder Vorratskammern sind – so ähnlich wie bei Hühnern und Tauben der Kropf. Das, was die Sammelbiene selbst als Nahrung während ihres Fluges braucht, wird über ein Ventil der Honigblase in den Darm geleitet und verdaut. Den Rest bringt die Sammelbiene nach Hause. Dort werden mit einem Teil davon die hungrigen Stockbienen gefüttert, die ja ständig ihre anstrengenden Aufgaben im Bienenstock verrichten, aber selbst keine Nahrung auf der Bienenweide sammeln.

2.

Nektar und Honigtau werden, zusammen mit Pollen, für die Brutaufzucht gebraucht. Die Ammenbienen stellen damit den Futterbrei für die Larven her.

3.

Aus Nektar und Honigtau werden Vorräte angelegt.

Die Honigmacherinnen

Bei gutem Trachtangebot ist der Magen des Biens gefüllt. Dann werden der von den Sammelbienen eingetragene Nektar und Honigtau nicht sofort gebraucht. Die Tracht wird um das Brutnest herum, im sogenannten Futterkranz, eingelagert. Das sind Zellen, die direkt neben den Brutzellen liegen.

Für das Einlagern sind allerdings nicht die Sammlerinnen zuständig. Die müssen bald wieder ausfliegen und Nachschub holen. Stattdessen übernehmen Honigmacherinnen diese Aufgabe. Sobald sie die von den Sammlerinnen ausgewürgten Nektar- oder Honigtauvorräte aufgenommen haben, geben sie diese an die anderen Honigmacherinnen weiter und weiter und weiter. So entsteht zwischen ihnen ein ständiger Austausch, eine sogenannte Futterkette, die man auch Futternetzwerk nennt: Der Nektar „wandert" von einer Honigblase zur anderen und wird dabei haltbarer gemacht, indem immer wieder Stoffe aus den Schlunddrüsen hinzukommen. Gleichzeitig werden dem Nektar mit jedem Besitzerwechsel Wasser und andere Inhaltsstoffe entzogen, wodurch er zähflüssiger wird. Es findet in den Bienenkörpern also eine erste Verwandlung des Nektars statt: Eine Vorstufe von Honig entsteht. (Deshalb spricht man auch von Honigblase oder Honigmagen.)

Die Stockbienen tragen ihn aus den Futterkranzzellen zu den Vorratszellen. Von diesen Vorratszellen hängt das Überleben des Biens im Winter ab.

Der Wintervorrat

Wintervorratswaben befinden sich möglichst weit vom Flugloch entfernt und damit auch möglichst weit weg vom Brutnest. So werden während der Brutzeit die Brutzellen nicht vom Honigvorrat blockiert. Auch haben es dadurch Räuber wie z. B. Mäuse schwerer, zum begehrten Honig vorzudringen. Für die Einlagerung der Tracht in die Vorratswaben muss die Futterkette verlängert werden, es sind dafür also noch mehr Honigblasen nötig. Je häufiger der unreife Honig im Stock die Besitzerin wechselt, desto mehr reift er.

Solange aber der fast fertige Honig zu viel Wasser enthält, wird er umgetragen. Denn das Wasser verdunstet auf diese Weise durch die warme Stockluft, die dadurch allerdings feuchter wird. Stockbienen fächeln sie deshalb aus dem Flugloch hinaus. Um die Trocknung des unreifen Honigs zu beschleunigen, werden Honigvorratszellen nicht sofort randvoll gemacht, sondern erst mal nur an den Wandinnenseiten belegt.

Das Ende der Futterkette ist dann erreicht, wenn der Honig vollständig reif ist. Daraufhin werden die Zellen von den Baubienen wasserfest mit Wachs verdeckt. So kann der fertige Honig nicht wieder feuchter werden.

Biene misst mit ihren Antennen die Feuchtigkeit des Honigs.

Verdeckelte Honigzellen (Wintervorrat)

Vor dem Winter kein Honig für den Imker

Der Wintervorrat ist für die Bienen überlebenswichtig. Sie müssen sich davon den ganzen Winter über ernähren, während sie in ihrer Beute bleiben. Deshalb sollten Imker vorher (möglichst) nur den Honig ernten, den der Bien nicht für das Überleben in der kalten Jahreszeit braucht.

Hunger trotz voller Vorratswaben: Der Zementhonig

Mancher Honigtauhonig kann aber in den Wabenzellen steinhart werden. Schuld daran ist eine bestimmte Zuckerart im Honigtau. Sie lässt den Wintervorrat unbrauchbar werden, weil die Bienen im Winter einerseits kein Wasser zum Verflüssigen des Honigs haben. Andererseits ist dieser Honig so hart, dass die Bienen ihn auch durch Erwärmung nicht verflüssigen können. Deshalb wird er von vielen Imkern „Zementhonig" genannt. Bildet sich so ein Zementhonig, können die Bienen vor vollen Vorratskammern verhungern.

Um das zu verhindern, sollte der Imker frühzeitig mehr als nur den Überschussvorrat ernten, wenn er die Bildung von Zementhonig beobachtet. Damit die Bienen aber dann im Winter nicht verhungern, muss man ihnen einen Ersatz bereitstellen, zum Beispiel eine hochwertige Zuckerlösung. Dies ist manchmal notwendig, wenn auch leider nicht ideal. Denn nur Honignahrung macht Bienen widerstandsfähiger und hält sie dauerhaft gesund.

Honigwabe mit Zementhonig

Mit Spezialkitt gegen die Kälte: Der Stock wird winterfest

So wie manche Menschen ihre Fenster im Winter abdichten, so müssen auch die Bienen vorsorgen: Damit Kälte, Zugluft und Nässe nicht in den Stock eindringen, verschließen sie alle undichten Stellen mit der sogenannten Propolis, auch Kittharz genannt. Propolis besteht vor allem aus Baumharz. Das sammeln die Bienen von den Knospen oder verletzten Stellen bestimmter Bäume und vermischen es mit ihrem Drüsensekret der Mundwerkzeuge. Anschließend transportieren sie es in ihren Hinterbein-Höschen zu den Baubienen. Diese mischen Wachs hinzu und kneten das Ganze so lange mit ihren Mundwerkzeugen durch, bis es sich dünn auf die Stockwände auftragen lässt. In Propolis ist auch Pollenbalsam enthalten, der wie das Baumharz eine keimtötende Wirkung hat. Deshalb überziehen die Bienen ebenfalls alle Fremdkörper und Wabenränder in ihrem Stock mit Propolis.

Baumharz

Honig und Propolis sind also für die Bienen so eine Art Medizin und Schutzschild. Ist beides ausreichend im Stock vorhanden, kann der Winter kommen.

Winterkinder

Lenis Brüderchen ist ein Winterkind. Als Leo geboren wurde, hat es zum ersten Mal in diesem Jahr geschneit. Es sind zwar noch ein paar Tage bis zum Winteranfang, aber morgens sind die Fenster und Straßen oft schon vereist und ihr Papa musste die Autoscheiben kratzen, bevor er zur Arbeit gefahren ist. Und Leni muss morgens, wenn sie das Haus verlässt, schon Handschuhe tragen. Aber so gern sie auch zur Schule geht, zurzeit möchte sie eigentlich nur zu Hause bleiben. Nein, nicht nur, weil es so kalt und manchmal richtig ungemütlich ist. Sie möchte bei ihrem Bruder bleiben und sich um ihn kümmern. Er ist so süß und noch so winzig! Leni kann schon ganz allein das Fläschchen für Leo vorbereiten und ihn füttern.

Wenn Leo schläft, strickt Mama neue dicke Schals für die ganze Familie. Und Papa macht die Wohnung winterfest, damit es schön kuschelig wird im Winter. Er dichtet die Fenster und Türen ab. Die Wände im Arbeitszimmer von Lenis Eltern bekommen eine neue Isolierung. Das wird nämlich Leos Zimmer. Leni ist so froh, dass sie doch nicht umziehen. Sie haben eine Lösung gefunden. Eine vorübergehende. Den Umzug verschieben sie, bis Leo laufen kann. So lange verzichten die Eltern auf das Arbeitszimmer. Sie müssen eben alle ein bisschen enger zusammenrücken. Auch Leni. Denn da sie jetzt mehr Platz hat und dieser im Arbeitszimmer fehlt, kommt das Laufgitter von Leo zu ihr ins Zimmer. So kann sich Leni um ihr Brüderchen kümmern und hat immer noch ein eigenes Zimmer, um in Ruhe Hausaufgaben zu machen. Außerdem ist das ehemalige Arbeitszimmer direkt nebenan. Leni merkt, dass sie manchmal nicht schlafen kann. Dann muss sie lauschen, ob Leo auch wirklich schläft und nicht vielleicht weint.

„Du bist eine wundervolle Schwester!", sagt Lenis Mama immer wieder. „Und eine große Hilfe!"

„Ich wünschte, ich hätte auch Geschwister gehabt", sagt Papa. „Wenn ich mir dich so ansehe, hätten wir Leo auch viel früher bekommen können."

Manchmal muss Leni an den Bienenstock denken. Sie weiß eigentlich gar nicht so viel über Winterbienen. Auch wenn Wiebke den Schulausflug zu ihrer Imkerei lieber in den Frühling gelegt hat, würde Leni sie so gern jetzt schon besuchen. Vielleicht kann sie ihre Eltern ja überreden, die erste etwas längere Fahrt mit Leo an diesem Wochenende zu ihrem Opa zu machen?

„Du willst wieder zu den Bienen, nicht wahr?", stellt Mama fest. Sie kneift die Augen zusammen, als hätte sie Leni durchschaut. Dabei ist es doch längst kein Geheimnis mehr, warum Leni im Sommer so oft bei ihrem Opa war. Zum Glück stellt sich ihre Mutter nicht mehr so an, wenn sie etwas von summenden Insekten hört. Und seit Lenis Vortrag ist es wirklich besser geworden. Da hat auch Mama ganz schön viel dazugelernt!

„Ich weiß nicht", sagt Papa. „Ist es nicht noch zu früh für Leo, eine solche Fahrt zu machen?"

Mama sieht Leni prüfend an. Vermutlich sieht sie es ihr an, dass sie schwer mit den Tränen zu kämpfen hat. Es zieht Leni schon so lange zu Wiebke und ihren Bienenstöcken und immer musste sie den Wunsch unterdrücken. So lange, dass sie am Ende nicht mal mehr Ari zum Abschied sehen konnte.

„Ich glaube, das geht", sagt Mama plötzlich zu Papa. „Er ist nicht mehr ganz so klein."

Jaaaa! „Mama, du bist die Beste!"

„Gut", sagt Papa. „Aber du musst dich hinten um Leo kümmern, Leni, ja?" Na klar!

„Außerdem wird sich Opa unheimlich freuen, Leo wiederzusehen. Er wächst schnell", stellt Mama fest. Das stimmt, findet Leni. Babys wachsen wirklich schnell. Aber nicht so schnell wie Bienen. Doch Opa wird sich sicher wundern. Leo sieht jetzt schon ganz anders aus, als nach der Geburt im Krankenhaus, wo Opa ihn zum ersten Mal gesehen hatte.

Die ganze Zeit über im Auto sieht Leni zu Leo in seiner Babyschale. Immer wieder hat sie den Sicherheitsgurt überprüft. Sitzt er auch richtig? Den Schnuller hält sie in der einen Hand parat, falls Leo weinen sollte, in der anderen hat sie die Rassel, falls er lieber Spaß haben will. Mama ist wirklich stolz auf Leni. Das kann Leni im Rückspiegel sehen. Papa guckt am Anfang immer wieder nach hinten. Aber irgendwann dreht er sich gar nicht mehr um. „Leo hat die beste Schwester, die man sich wünschen kann!"

Auf der Fahrt, damals, als Leni Ari in der bunten Schachtel heimlich zu Wiebke gebracht hatte, war es ein ganz ähnliches Gefühl für sie gewesen. Leni musste auf Ari aufpassen und dafür sorgen, dass es ihr gut geht. Ganz genauso wie jetzt. Der einzige Unterschied ist, dass Leni die heutige Fahrt gar nicht so ewig vorkommt. Vielleicht liegt es daran, dass sie ihren Bruder nicht geheim halten muss?

„Hohoho! Wen haben wir denn da? Meine beiden Enkel."
Lenis Opa ist ganz außer sich. So sehr freut er sich über den Besuch seiner Familie. „Ich kann einfach keine Autofahrten auf mich nehmen. Insbesondere im Winter nicht." Und Leo hätte er tatsächlich fast nicht wiedererkannt.
Für ihren Spaziergang zu Wiebke muss sich Leni besonders dick anziehen. Hier draußen ist es noch etwas kälter als in der Stadt. Dafür hat Opa zusätzlich zur Heizung noch den Kamin angefeuert.
Das Knistern des brennenden Holzes macht das Haus von Opa noch viel gemütlicher, sodass sich Leni schon auf die Rückkehr freut. Am liebsten würde sie im Kaminzimmer schlafen.

„Leni! Welch eine Freude, dich wiederzusehen!" Wiebke erzählt, dass sie schon alles für den Ausflug von Lenis Schule im Frühling organisiert hat. „Man muss für eine solch große Besucherzahl schon lange im Voraus planen, weißt du."
Und dann entschuldigt sie sich, dass sie so lange keine Fotos mehr geschickt hat. „Du musst wissen, dass die Bienen bei diesem Wetter nicht mehr herauskommen."
„Ich weiß", sagt Leni. „Es sind ja auch andere Bienen. Winterbienen. Meine Biene ist doch gar nicht mehr da."

Wiebke schluckt und stellt ihre Tasse ab. Opa streicht Leni über den Kopf. „Du weißt es also."

„Natürlich, Opa!" Schließlich ist Leni kein kleines Kind mehr. Und dass Bienen sterben müssen, genauso wie alle Lebewesen, das weiß sie doch schon lange. Auch wenn es weh tut und traurig ist.

„Aber wenn eine Biene stirbt, so lebt sie noch lange in ihren neuen Schwestern weiter", sagt Wiebke. „Denn nur ihr Lebenswerk hält ihre Familie am Leben." Auch wenn es Ari nicht wieder zurückbringt, tut das, was Wiebke sagt, irgendwie gut, findet Leni.

Winterbienen

Der Winter ist da und es scheint, als läge der Bienenstock im Winterschlaf: Nichts regt sich. Doch auch jetzt muss der Bien arbeiten – aber anders.

Die Bienenheizung

Im Winter ist es draußen kalt. Da kann man froh sein, wenn man eine Heizung hat. Wir Menschen heizen zum Beispiel mit Gas, Öl, Holz oder Erdwärme. Bienen wärmen sich selbst, ihre Heizung ist der Bien: Im Stock rücken sie ganz eng zur sogenannten Wintertraube zusammen. In ihrer Mitte sitzt die Königin warm und geschützt. Denn im Winter ist die wichtigste Aufgabe des Biens das Überleben.

Doch reicht dafür die gegenseitige Körperwärme der Bienen nicht aus. Um nicht zu erfrieren, müssen sie zusätzlich Wärme erzeugen. Sobald es kälter als zehn Grad Celsius (10°C) ist, verhalten sie sich wie Heizerbienen zur Brutzeit: Sie erzeugen mit Muskelzittern Wärme.

Sie heizen ihr Zuhause aber nur einen Tag lang stark auf (nicht selten auf über 30° Celsius) und erholen sich dann von dieser äußerst anstrengenden Arbeit. Sobald es wieder zu kalt im Stock wird, nehmen sie ihre Bienenheizung erneut in Betrieb.

Dadurch werden nicht nur die Bienen aufgewärmt, sondern auch der durch die Kälte zäh gewordene Honigvorrat. Er wird flüssiger und die Bienen können ihn aufsaugen. Denn er bildet nicht nur einfach ihre tägliche Nahrung, sondern gleichzeitig eine unverzichtbare Energiequelle: Honig als Heizmaterial.

Wintertraube

Keine Zeit zum Schlafen

Von Winterschlaf kann im Bienenstock also nicht die Rede sein. Dort wird geheizt statt geruht. Doch ist es am äußeren Rand der Wintertraube kälter als im Innern, was die Bienen mal wieder durch ihre geniale Zusammenarbeit lösen: Die Außenbienen der Traube werden von Innenbienen abgelöst und krabbeln nach Innen, um sich aufzuwärmen. So kühlt kein Tier zu stark aus und alle nehmen mal die ungemütlicheren Plätze ein.

Genau für diese Winterarbeit wurden die Winterbienen herangezogen. Sie sind neben der Königin die einzigen Bewohner des Stocks. Anders als Sommerbienen durchlaufen sie nicht die typischen Lebensphasen von Putzbiene bis Flugbiene. Sie wärmen den Stock, während einige von ihnen die Königin über den Winter füttern. So werden Winterbienen viel älter als Sommerbienen, weil ihre Körper nicht so schnell verschleißen.

Winterspeck hält warm

Mit ihrem „Winterspeck" sind die Winterbienen gut auf die kalte Jahreszeit vorbereitet, denn bereits als Larven wurden sie besonders intensiv gepflegt. Seitdem haben sich die Winterbienen Reserven angefuttert und die Nährstoffe der Pollen in ihrem sogenannten Fettkörper eingelagert.

Im nächsten Frühling haben die Winterbienen dann noch genug Kraft, um auf Sammelflug zu gehen und die Brut aufziehen zu können, bis die neue Generation Arbeiterinnen einsatzfähig ist. Dann werden die Winterbienen ebenfalls alle Arbeiten verrichten müssen. Von diesem Moment an werden sie genauso schnell altern wie die Sommerbienen und schließlich ab März sterben.

Doch der Bien lebt weiter, Jahreszeit für Jahreszeit, immer im Kreislauf der Natur.

Es wird kuschelig

„Die Stimme kenne ich doch!" Aris Schwester hat sich aus dem Stock geschlichen. „Leni!"

„Du hast mich erkannt?" Leni ist total erstaunt.

Bsssss! „Ich konnte dich nicht wieder besuchen kommen, aber ich muss dir unbedingt noch etwas geben."

„Mir?"

„Ja, von Ari."

Als Leni das hört, spürt sie ihr Herz in ihren Ohren klopfen.

„Ari war so fleißig und hat ganz viel Vorrat angelegt. Und ein bisschen Honig hat sie für dich aufgehoben. Sie hat gesagt, dass du ihn auch gerne isst."

Leni muss an den Satz von Wiebke denken. Ari lebt also doch irgendwie weiter. Und ihre Schwestern ernähren sich noch immer von dem Nektar, den Ari gesammelt hat.

Leni bückt sich und hebt ein besonders großes Kastanienblatt auf, das sich rostrot verfärbt hat. Opa und Wiebke sind schon wieder in die Wohnung gegangen. Leni brauchte nicht mal einen Imkeranzug überziehen. Hier bei den Bienenstöcken herrscht nämlich Winterruhe.

Aris Schwester ist nun schon eine Weile im Stock verschwunden. Als sie wieder herausfliegt, bewegt sie sich ziemlich schwerfällig. Sie ist offenbar schwer beladen. Leni hält ihr das Blatt hin, auf dem die Biene sofort landet. „Puh! Danke!"

Und dann tropft etwas Honig auf das Blatt.

„Danke!", sagt Leni ganz gerührt.

„Ich muss jetzt wieder rein, Leni. Wir müssen uns gegenseitig wärmen, sonst erfrieren wir."

Leni nickt und bedankt sich noch drei Mal. Doch dann hat sie damit zu tun, Aris Honig hineinzubalancieren.

„Was hast du denn da?", fragt Wiebke neugierig. Oh, oh! Wie soll sie das bloß erklären? Schnell leckt Leni den Tropfen Honig auf. Ihre Augen brennen ein wenig, aber Leni will nicht weinen. Sie freut sich über das Geschenk. Mhm! Lecker, Ari!

„Ach nichts!", sagt Leni. Und dann stellt sie die Frage, die sie Wiebke eigentlich schon lange fragen wollte.

„Dürfen wir den Bienen eigentlich den Honig wegnehmen? Ich meine, ist das nicht gemein?"

„Nun ja", sagt Wiebke. „Das kann man so oder so sehen. Und ich gebe zu, es gibt da geteilte Meinungen. Aber wir nehmen ihnen ja nicht den ganzen Honig weg. Nur gerade mal so viel, wie der Bien erübrigen kann."

Leni will alles über Winterbienen erfahren. Wiebke macht für Opa und sich einen starken Kaffee und für Leni einen köstlich duftenden heißen Kakao. Die Imkerin hat viel zu erzählen, obwohl Winterbienen ja nicht so viele verschiedene Aufgaben haben wie Sommerbienen. Trotzdem ist ihr Leben mindestens genauso wichtig für das Überleben des Bienenvolkes wie das der Sommerbienen. Leni freut sich riesig, als sie erfährt, dass diese im Gegensatz zu Sommerbienen ein richtig langes Leben haben. Vielleicht kann sie durch Aris Schwester immer mal wieder ein klitzekleines bisschen von Aris Werk genießen?

Als sie wieder bei ihrem Opa zu Hause sind, schläft Leo längst tief und fest. Leni darf tatsächlich im Kaminzimmer schlafen. Aber dass das keine so gute Idee war, bemerkt Leni ziemlich bald. Das Feuer brennt ja nicht bis zum Morgen. Leni erwacht mitten in der Nacht, weil sie friert. Ihr Körper hat sich an die wohlige Wärme gewöhnt und als das lodernde Feuer ausgegangen ist, wurde es Leni zu kalt.

Aber sie hat eine Idee. Die ist eigentlich nicht so neu. Aber sehr wirksam. Sie nimmt ihre Decke und schleicht zu ihren Eltern. Und dann kuscheln sie alle vier zusammen in dem riesigen Bett, das Opa ihnen hergerichtet hat. Keine Decke und kein Kamin der Welt können einen so schön wärmen wie die Wärme von Mama und Papa. Und Leni ist sich sicher, dass es Leo später einmal ganz genauso finden wird.

Der Bien lebt weiter?

Nur so lange, wie es genug Bienenweiden in der Natur gibt. Aber wo Häuser und Straßen, Parkplätze und giftige Äcker entstehen, da verschwinden die Pflanzen der Natur. Und mit ihnen die Bienenweiden. Seit Menschengedenken leben Bienen den Kreislauf der Jahreszeiten. Noch gibt es dank ihnen so viele Wildblumen und ertragreiche Ackerfrüchte wie Raps, denn sie sorgen für die Bestäubung der Blüten und dadurch für eine Samen- und Fruchtbildung. Doch viele andere wichtige Trachtquellen der Bienen baut der Mensch so gut wie nicht mehr an. Es gibt kaum noch große Felder mit Lein, Buchweizen, Sonnenblumen oder Esparsetten. Wer weiß schon noch, wie diese Feldfrüchte aussehen? Das ist der Beweis, dass diese Pflanzen fast ganz von unseren Äckern verschwunden sind. Dabei sind sie eine wichtige Nahrungsquelle für die Bienen. Und die Bienen sind ganz wichtige Helferinnen für die Pflanzen. Ohne Pflanzen könnten wir Menschen nicht leben. Wir brauchen sie. Und deshalb brauchen wir die Bienen. Jede einzelne. Immer wieder. Jedes Jahr aufs Neue.

Blüten- und Pflanzenvielfalt sind für Bienen und andere Insekten überlebenswichtig – und sie für uns!

Leben

Als Leni erwacht, ist es total gemütlich. Mama und Papa sind längst wach. Leo liegt wieder in seinem Babyreisebett und schläft, und Leni ist in alle vorhandenen Decken auf einmal eingewickelt. So muss es sich anfühlen, wenn sich eine Bienenlarve verpuppt, denkt sie. Leni freut sich total auf das Opa-Frühstück. Diesmal wird die ganze Familie zusammen sein. Auch wenn Leo noch nicht richtig mitessen kann, wird er zum allerersten Mal dabei sein.

Als Leni die Tür ins Wohnzimmer öffnet, sieht sie ihre Mama hin- und herlaufen. Das ist alles andere als gemütlich. Der Tisch ist nicht gedeckt und sonst ist auch niemand zu sehen.
„Wo ist Papa?"
„Zieh dich an, Leni, er holt uns gleich ab."
„Och nö. Ich will noch nicht nach Hause!"
„Wir fahren ins Krankenhaus, Leni!"
Leni muss schlucken. Sie will eigentlich nicht wissen, warum, und trotzdem fragt sie nach.
„Opa ging es nicht so gut. Dein Vater hat ihn ins Krankenhaus gefahren. Ich mache noch schnell das Fläschchen für Leo fertig. Mach dir keine Sorgen, ihm geht es schon wieder besser." Opa!

Leni wird es ganz schwer ums Herz. Doch sofort flitzt sie zu Leo und setzt sich an sein Bett. Sie hat das Gefühl, dass sie ihn trösten muss, auch wenn er noch nichts versteht. „Opa geht es schon besser, hat Mama gesagt. Und er kommt bestimmt bald wieder nach Hause!" Ob es ihrem Opa wirklich wieder gut geht? Was er wohl hat? Plötzlich hat sie ein ganz schlechtes Gewissen. Vielleicht hätte sie sich nicht zu ihren Eltern, sondern zu ihm legen sollen? Er war in der Nacht ganz allein und hatte keinen, der ihn gewärmt hat.
Opa!
Immer wieder kreisen dieselben Gedanken in Lenis Kopf herum. Ob sie ihren

Papa anrufen soll?

Plötzlich wird die Tür aufgeschlossen. Papa ist da. „Hallo, meine Große!" Er lächelt, aber er sieht besorgt aus.

„Was hat Opi?"

Ihre Mutter lässt die dicke Winterdecke mit den blauweißen Eisbären, in die sie Leo gerade wickeln wollte, auf das Sofa fallen. „Wie geht es ihm?"

„Besser!", sagt Lenis Papa. „Er muss aber doch noch zwei Tage im Krankenhaus bleiben. Zur Beobachtung. Aber ihr könnt ihn ja gleich selbst sehen."

Leni beeilt sich. Wo sind denn bloß ihre blöden Socken geblieben? Leni kann sich einfach nicht mehr erinnern, wo sie die ausgezogen hat.

Was hat Opa denn nur? Mit einem Mal fühlt sich Leni so schlecht wie damals, als sie richtig hohes Fieber hatte und sich alle zehn Minuten übergeben musste. Sie muss an Ari denken. Zum Glück geht es ihrem Opa wieder besser.

Leni ist schon groß. Sie weiß, dass er sehr alt ist und vielleicht auch bald für immer gehen muss. Aber nicht jetzt! Sie läuft ins Schlafzimmer und holt ihre Decke. Die wird sie mitnehmen und ihren Opa damit gleich im Krankenhaus wärmen. Das nimmt sie sich fest vor.

Wissens-Wabe

Arbeitsbienen: weibliche Honigbienen, welche viele verschiedene Arbeiten im Bienenvolk verrichten

Baumharz: stark riechender, zäher Baumsaft, der klebrig, meist gelblichbraun und nicht wasserlöslich ist

bestiften: der Vorgang des Eierlegens durch die Bienenkönigin. Das Ei ähnelt einem weißen, winzig kleinen Stift (daher der Name!) und wird in eine Brutzelle gelegt.

begatten: geschlechtlich vereinigen (= Paarung eines Männchens mit einem Weibchen)

Bienen-Larven: „Bienenbabys" nach dem Schlüpfen aus dem Ei sowie vor dem Verpuppen und Verwandeln zu Bienen

Borsten: Insektenhaare

Brut: Nachwuchs eierlegender Tiere

Brutzellen: Wabenzellen, in denen Larven zu Bienen heranwachsen

Der Bien: alle Bienen eines Bienenvolkes, die gemeinsam einen Superorganismus bilden, also erst als Gemeinschaft ganz vieler Bienen besondere Fähigkeiten haben. Nur in dieser Gemeinschaft können Bienen als Tierart überleben.

Desinfizieren: von Krankheitserregern befreien

Drüse: ein Körperorgan, das Sekret abgibt

Fettkörper: helles, weiches Gewebe im Hinterleib der Bienen, in dem Nährstoffe gespeichert und umgewandelt werden

Flugloch: der Ein- und Ausgang des Bienenstocks auf der Vorderseite der Beute, sprich die Ein- und Ausflugöffnung, die ständig von Wächterbienen bewacht wird

°Celsius: (ausgesprochen: Grad Celsius) eine Maßeinheit der Temperatur, die an einem bestimmten Ort zu einer bestimmten Zeit herrscht und gemessen wird

Generation: alle Bienen einer gemeinsamen Altersstufe/Lebensphase, die nach ihrem Tod von nachrückenden jüngeren Bienen(generationen) ersetzt werden

Honigblase: (auch: Sammelblase) dehnbarer Teil am Ende der Speiseröhre einer Biene; dort lagern und transportieren Bienen Nektar, Honigtau oder Wasser. Hier beginnt bereits die Honigreifung. Die Honigblase befindet sich im Übergang zum Darm, also im vorderen Teil des Bienenhinterleibs.

Honigmacherin: In ihrer dritten Lebenswoche sind Arbeiterinnen nicht nur als Baubienen tätig, sondern (anschließend) auch als Honigmacherinnen. Als solche nehmen sie den Nektar und den Honigtau der Sammelbienen entgegen und verarbeiten ihn in der Futterkette zu Honig, den sie anschließend einlagern.

Honigtau: flüssige Ausscheidung der Blattläuse (also so eine Art flüssiges Aa), die den zuckerhaltigen Zellsaft der Pflanzen aussaugen. Den überschüssigen Zucker scheiden sie als Honigtau wieder aus. Der sieht manchmal aus wie ein Tautropfen. Im Gegensatz zum Blütenhonig entsteht sogenannter Waldhonig nicht aus Nektar, sondern aus Honigtau. Daher wird er auch Honigtauhonig genannt.

Kokon: selbst gesponnene Hülle einer Insektenlarve für die Verwandlung zum fertigen Insekt

Muttervolk: das (zurückgelassene) Bienenvolk, aus dem ein in der Schwarmzeit ausgezogener Bienenschwarm stammt

Nektar: wässrige, zuckerhaltige und süß riechende Flüssigkeit von Pflanzen, die sich meist in deren Blüten befindet (= Blütensaft)

Organismus: pflanzliches oder tierisches Lebewesen; Körper

Pollen: winzig kleine, eiweißhaltige Körner; sie sind die männlichen Samenzellen einer Blüte und Hauptnahrungsmittel der Bienenlarven (= Blütenstaub, Blütenpollen)

Pollenbalsam: öliger, klebriger Überzug des Pollens, der Stoffe enthält, die vor schädlichen Umwelteinflüssen schützen und keimtötend wirken

Pollenhöschen: Pollenvorrat in den borstigen Pollenkörbchen der hinteren Bienenbeine: Die von den Bienen gesammelten Pollen verkleben unter den langen Borsten miteinander, sodass der Eindruck von gelben Höschen entsteht.

Schwarmtrieb: Instinkt/Bestreben der Honigbienen im Frühsommer, ihr stark angewachsenes Volk zu teilen; hierbei verlässt die Königin mit einem Teil ihres Volkes den Bienenstock, um sich als Bienenschwarm eine neue Behausung zu suchen.

Schwärmen: im Frühsommer (= Schwarmzeit) der Auszug der Bienenkönigin mit einem Teil ihres Volkes (= Bienenschwarm) aus der zu eng gewordenen Beute

Sekret: eine vom Körper hergestellte und abgegebene Körperflüssigkeit

Tracht: die gesamte Nahrung (wie Nektar, Pollen, Honigtau), die einem Bienenvolk in seinem Flugbereich zur Verfügung steht. Tracht ist somit auch die von den Bienen in ihren Bienenstock eingetragene Nahrung (die Tracht = das Tragen).

Wabe: Aneinanderreihung vieler sechseckiger Wabenzellen zu einer Art Wabenplatte

Wabenzelle: sechseckiger Hohlraum aus Wachs, um Nahrungsvorräte oder Brut zu lagern

Weiselzellen: große Brutzellen für die Aufzucht von Königinnen, mit ihnen wird das Schwärmen vorbereitet. Darum heißen Weiselzellen auch Schwarmzellen.

Zuckerlösung: Wasser, in dem eine bestimmte Menge Zucker (auf-)gelöst ist

Für die Wildbienen aktiv werden!

+

Bienenhotel
EAN 4033477098153

Nicht nur die Biene braucht Hilfe! Lerne mehr über die Insekten um uns herum!

Anke Küpper

Insekten, Spinnen & Co.

ISBN 978-3-96455-078-1

Carola von Kessel

50 heimische Insekten & Spinnen

EAN 4033477097231

Carola von Kessel

50 heimische Schmetterlinge

EAN 4033477097224

Impressum & Bildnachweis

© 2020 moses. Verlag GmbH
2. Auflage 2020

moses. Verlag GmbH
Arnoldstraße 13d
D-47906 Kempen

www.moses-verlag.de

ISBN 978-3-96455-035-4

Text: Aygen-Şibel Celik (Erzählender Teil), Markus Gerhards (Sachbuchteil)
Redaktion: Ina Lutterbüse
Layout, Typographie und Satz: Melanie Dahmen
Alle Illustrationen: Katja Jäger

Fotos:

Adobe Stock ©: ivankmit (Cover, schlüpfende Biene), monshtadoid (Cover, bunte Bienenstöcke), Alekss (Cover, Biene in Lupe), phatthanit (Cover, Himmel im Hintergrund), emberiza (Umschlag hinten, einzelner Bienenstock), viperagP (S.2), Kandapumpui (S.3), exebiche (S.4), kate (S.5, o.r.), Smailhodzic (S.10), Nrop Yycb (S.12 m. + S.21, u.), stachu343 (S.12, u.r.), Heinz Waldu Kat (S.13 o.l. + S.20, o.r.), KosolovsKyy (S.13, m.l. + S.35, u.r. + S.47, o., u. + S.85, o.), Kamphol (S.13, m.r.), Thephysicist (S.13, u.r. + S.34, u.m. + S.76, o.), C. Schüßler (S.13, o.r. + S.15, u.l. + S.23, m.r., u.r. + S.51, o.r. + S.69, m.r.), ibusic (S. 12 u.r. + S. 14 m.), lamyai (S.15 u.), Africa Studio (S.18 m.r.), FPWing (S.18, u.l.), Samo Trebizan (S.19, o.), olive1976 (S.19, u.r.), Vera Kuttelvaserova, (S.20, u.r. + S.60, m. + S.62, u.), Bettapoggi (S.22 + S.23, o.r.), catherina holder (S.31, o.r.), dave massey (S.32, o.r.), Liudmila Travina (S.32, m.l. + S.69, m.r.), corlaffra (S.32, u.l.), andreusK (S.31-33,u.), Anja Götz (S.33, o.r.), K.Thalhofer (S.33, l.), Light Falcon (S.33, m.l.), romantiche (S.33, m.r.), frauke182 (S.33, r.), Africa Studio (S.34, o.l.), emerald media (S.35, o.r.), Mateusz (S.35 u.l.), Jag_cz (S.42), Zorandim (S.43), topo84 (S.44, m.l.), fermatastock (S.44, u.), VIKTORIIA (S.53, u.), Klaus Nowotnik (S.45, u. + S.74, m.), mirkograul (S.46, o.l.), PMDesign (S.48, o.), Christian (S.48, u.), nicemyphoto (S.50), WoGi (S.52 + S.61), Géraldine Revillard (S.53, o. + S.69, m.r.), paisan1leo (S.59, u.l.), Andreas (S.59, u.r.), Jürgen Kottmann (S.60, u.), BrgBlueStudio (S.62, o.), fotografiero (S.68), tom (S.69, m.l.), LudmilaSmide (S.84, u.), alexshyripa (S.74, u.), martin (S.75), cooperr (S. 76/77), shaiith (S.76, u.l.), gertrudda (S.77, u.r.), Andrey Kuzmin (S.78, o.), darios (S.78, m.), yanikap (S.79, u.), S.H.exclusiv (S.88/89)
Picture-alliance ©: blickwinkel (S.14 o.), imageBROKER (S.60, o.), Klaus Nowottnick (S.62, u.l.), Patrick Pleul (S.63, u.r.)
Shutterstock ©: TravelPhotoSpirit (S.11, u.r.), Sketchart (S.49), Lehrer (S.58), Mr. Markus Wegmann (S.84, m.)
Wikipedia ©: Sven Teschke (S.79, Zementhonig unter einer Creative Commons Lizenz)
Sonstige ©: Markus Gerhards (S.11, u.l.), Dr. Gudrun Könninger (S.59 o.r.)

Printed in Poland